Geschichte und Geschehen

Französische Revolution

Autoren:
Dr. Wolfgang Geiger
Simon Karstens

Ernst Klett Verlag
Stuttgart · Leipzig

Bildnachweis

Umschlag: AKG, Berlin; **6.1:** Bridgeman Art Library, Berlin; **7.2:** aus: Kurt Holzapfel (Hrsg.): Die Große Französische Revolution 1789–1795; **8.3:** AKG, Berlin; **9.4:** AKG, Berlin; **10.5:** AKG, Berlin; **12.9:** AKG, Berlin; **12.10:** AKG, Berlin; **13.11:** AKG, Berlin; **14.12:** AKG, Berlin; **16.13:** ullstein bild, Berlin; **17.14:** Corbis (Corbis/Bettmann), Düsseldorf; **24.25:** ullstein bild (Viollet/Archives nat), Berlin; **26.29:** Bibliothèque nationale de France, Paris; **32.40:** aus: Makov, Soboul; 1789 – Die Große Revolution der Fanzosen, S. 127 Pahl; **33.41:** aus: Deutsche Jakobiner: Mainzer Republik und Cisrhenanen 1792–1798, Kat Nr.; **33.43:** aus: Deutsche Jakobiner: Mainzer Republik und Cisrhenanen 1792–1798, Bd. 2; **37.1:** Corbis (Blue Lantern Studio), Düsseldorf; **38.2:** AKG (Cameraphoto), Berlin; **39.3:** AKG (Erich Lessing), Berlin; **41.1:** Corbis (The Gallery Collection), Düsseldorf; **42.2:** AKG, Berlin; **43.6:** ullstein bild (Granger Collection), Berlin; **45.1:** Corbis (Fine Art Photography), Düsseldorf; **49.1:** Ullstein, Mary Evans Picture Library, Berlin; **52.4:** BPK (RMN/Daniel Arnaudet), Berlin; **53.5:** AKG, Berlin; **56.10:** AKG, Berlin; **58.12:** AKG, Berlin; **60.15:** AKG (Granger Collection), Berlin; **61.1:** AKG (Erich Lessing), Berlin; **65.4:** AKG, Berlin; **68.9:** AKG, Berlin; **69.1:** BPK (Dietmar Katz), Berlin; **70.2:** AKG, Berlin; **72.5:** Interfoto, München;

Nicht in allen Fällen war es uns möglich, den Rechteinhaber der Abbildungen ausfindig zu machen. Berechtigte Ansprüche werden selbstverständlich im Rahmen der üblichen Vereinbarungen abgegolten.

1. Auflage 1 5 4 3 2 1 | 2012 2011 2010 2009 2008

Alle Drucke dieser Auflage sind unverändert und können im Unterricht nebeneinander verwendet werden. Die letzte Zahl bezeichnet das Jahr des Druckes.

Autoren:
Dr. Wolfgang Geiger, Frankfurt/M. S. 5–49
Simon Karstens, Trier S. 50–72

Redaktion: Dr. Björn Opfer-Klinger
Herstellung: Jeanette Frieberg

Satz: druckmedienzentrum, Gotha
Reproduktion: Meyle + Müller, Medien Management, Pforzheim
Kartenbearbeitung: Ingenieurbüro für Kartografie Joachim Zwick, Gießen
Druck: Mediahaus Biering GmbH, München

Printed in Germany
978-3-12-430045-4

Inhalt

Online-Link
Mit Hilfe dieses Links gelangen Sie zu ergänzendem Zusatzmaterial. Einfach auf www.klett.de/online gehen und in das Link-Feld die Nummer 430045-0000 eingeben.

1 Die Französische Revolution

1.1 Die Französische Revolution – eine Zäsur der Weltgeschichte

„Die Französische Revolution ist das bedeutendste Ereignis seit Christi Geburt" – diese Antwort eines anonym gebliebenen Franzosen auf eine Umfrage im Vorfeld der Feierlichkeiten zum Bicentenaire der Französischen Revolution 1989 lieferte nicht nur eine markante Einschätzung dieses Ereignisses im Rückblick, sondern vergegenwärtigte auch noch einmal jenes Selbstverständnis, mit dem die Revolutionäre selbst damals ein neues Zeitalter der Menschheitsgeschichte eröffneten: „Wir wollen nur von heute ab datieren!", brachte es der Abgeordnete Barère auf den Punkt. Alles Alte sollte vergangen und begraben sein, die neue Zeit auch durch einen neuen Kalender eingeläutet werden, als dessen Start die Nationalversammlung die Ausrufung der Republik zur Tag-und-Nacht-Gleiche am 21. September 1792 bestimmte.
Anders als die englische Revolution Mitte des 17. Jahrhunderts, in der sich das Parlament, damals noch Ständevertretung aber schon Keimzelle des modernen Parlamentarismus, mit militärischen Mitteln gegen den Anspruch des Königs auf absolute Macht durchsetzte, und anders als die amerikanische Revolution, die zwar die Grundlage der Menschenrechte und der Demokratie legte, aber nur außerhalb des Mutterlandes durch Lösung der Kolonialbande, stellte die Revolution in Frankreich einen gelungenen Aufstand gegen das Ancien Régime im Herzen Europas dar. Es gelang ihr zunächst, die absolute Macht des Königs zu brechen und in den Rahmen eines Verfassungsstaates einzugrenzen sowie die ständische Ordnung der Gesellschaft aufzulösen, dann in einem zweiten Anlauf 1792/93 die Monarchie gänzlich abzuschaffen und den Anspruch einer uneingeschränkten Volkssouveränität durchzusetzen – die jedoch durch Krieg und Bürgerkrieg zunächst uneingelöst blieb.
Die Französische Revolution wurde durch ihren Charakter als Volksrevolution zum Modell für alle späteren Revolutionen, ja für die Möglichkeit von Revolution überhaupt. Lenin und die russischen Kommunisten nahmen sich in den französischen Jakobinern ein explizites Vorbild für die Eroberung der politischen Macht in Russland 1917/18.
Mit ihrer Entgleisung zur Jakobinerdiktatur, den revolutionären Kriegen und schließlich der Machtergreifung Napoleons, also im Widerspruch zwischen Anspruch und Verwirklichung ihrer Ziele wurde die Französische Revolution in allen positiven und negativen Aspekten zum Paradigma der Moderne schlechthin. Wie weit dürfen die Freiheiten, die die Revolution erkämpft hat, gehen? Sollen sie auch gelten für ihre Feinde? Oder darf die Revolution in Zeiten ihrer existenziellen Bedrohung die eigenen Grundlagen – Volkssouveränität, Demokratie, Freiheit – außer Kraft setzen? Darf, kann oder muss die Revolution ihre Werte auch durch Krieg schützen, mit Waffengewalt in andere Länder tragen und die dortige Bevölkerung zu „ihrem Glück zwingen"? Dient dann die Eroberung der Freiheitsmission oder die Freiheitsmission der Eroberung? Das sind Themen, die heute immer noch und immer wieder aktuell sind.
Das Studium der Französischen Revolution, ihrer Ursachen, ihres Verlaufs, ihrer Konflikte und ihres Ergebnisses für Frankreich und Europa ist also mehr noch als bei anderen Themen eine Untersuchung über die Grundlagen der Moderne, vor allem, wenn man die Französische Revolution als langfristige Umwälzung, Impuls und Paradigma für die weitere Geschichte begreift. 1989, zur Zweihundertjahrfeier, errangen die osteuropäischen Staaten ihre Freiheit unter Berufung auf die Werte der Menschenrechtserklärung von 1789 gegenüber einer kommunistischen Diktatur, die sich ihrerseits unter Berufung auf die Prinzipien der Jakobiner von 1793 begründet hatte.

1.2 Die Krise des Ancien Régime

Die drei Jahrzehnte vor der Revolution waren gekennzeichnet durch eine rapide zunehmende Staatsverschuldung, wirtschaftliche Probleme und entsprechende soziale Folgen, verschärft durch regionale Missernten, die schnell zu allgemeinen Preissteigerungen führten. 1763/64 wurde deswegen der Getreidehandel freigegeben, der den Austausch unter den Provinzen verbessern sollte. Unter der Bevölkerung verbreiteten sich jedoch Gerüchte über eine „Aushungerung" des Volkes durch eine dahinter steckende Geschäftemacherei. In den 1770er-Jahren kam es zu erneuten Unruhen, die unter der Bezeichnung „Mehlkrieg" in die Geschichte eingingen.
Die aufeinander folgenden Kriege Frankreichs seit Ludwig XIV. hatten dem Volk außerdem neue Steuerlasten aufgebürdet, zu denen der König in Kriegszeiten von Staats wegen berechtigt war. Aus den vorübergehenden wurden jedoch dauerhafte Steuern: so die zweite königliche Kopfsteuer (capitation), die 1695 zur bereits existierenden taille hinzukam und z. B. in Paris nach dem Tarif von 1773 ein Zehntel des (Miet-)Werts einer Wohnung ausmachte, ferner der vingtième („der Zwanzigste"), der 1749 explizit zum Abbau der Staatsschulden eingeführt wurde ohne diesen Zweck zu erfüllen. Die Zerrüttung der Staatsfinanzen steigerte sich durch den Siebenjährigen Krieg 1756–1763 sowie durch die Beteiligung Frankreichs am amerikanischen Unabhängigkeitskrieg (Revanche gegenüber England für den Verlust Kanadas).
Schon 1770 hatte Abbé Terray, Contrôleur général des Finances, eine Steuerreform im Hinblick auf eine progressive Steuer auf Grundbesitz entworfen, die dem Staat mehr Geld und gleichzeitig eine gerechtere Steuerverteilung gebracht hätten. Sein Nachfolger ab 1774, der liberale Ökonom A.-R. Jacques Turgot, führte dieses Projekt weiter mit dem Ziel der Abschaffung alter Feudalrechte wie der Frondienste für den König und der Binnenzölle sowie der Auflösung der Handwerkszünfte – alles zur Entlastung der Bauern und zum Abbau von Handelshemmnissen. Diese Reform blieb jedoch im Ansatz stecken, zu viele Feinde machte sich Turgot, zumal er auch die verschwenderischen Ausgaben des Thrones reduzieren wollte. Turgot stand im Mittelpunkt eines Kreises von Ökonomen, die von den Ideen der Aufklärung durchdrungen und vom Prinzip der Freiheit in der Wirtschaft überzeugt waren. Einer von ihnen, Boncerf, publizierte im Februar 1776 ano-

1 **Vom königlichen Geografen für die Einberufung der Generalstände angefertigte Karte Frankreichs mit den traditionellen Provinzen und königlichen Verwaltungseinheiten.** Links im Medaillon das Bild des Ministers Necker.

nym eine Kritik der Feudalrechte, die sofort vom Pariser Parlement (Gerichtshof) verboten und verbrannt wurde. (▶ M15) Einige Monate später musste Turgot das Ministerium verlassen.
Doch auch Turgots Nachfolger, der protestantische Genfer Bankier deutscher Herkunft Jacques Necker (1776–1781 und dann wieder ab 1788), der Jurist Charles-Alexandre de Calonne (1781–1787) und der Bischof Etienne-Charles de Loménie de Brienne (1787–1788), sie alle bemühten sich zwangsläufig um Einsparungen in der königlichen Hofhaltung und um die Erschließung neuer Einnahmequellen. Auf einer 1787 einberufenen Notabelnversammlung stieß Calonnes Versuch einer Besteuerung des Adels auf dessen erbitterten Widerstand, zumal dieser jetzt seine Stunde gekommen sah, wieder an politischer Macht zu gewinnen. In diesem rückwärts gewandten Sinne wollte auch der Pariser Gerichtshof (Parlement de Paris), politisches Sprachrohr der Notabeln, einerseits die Macht des Königs einschränken, indem er sich sowohl auf traditionelle Rechte der Aristokratie als auch auf moderne Prinzipien der Aufklärung berief (Ständevertretung als Form der Gewaltenteilung). Er blockierte aber aus dem selben Grund auch sozial- und wirtschaftspolitische Reformen für mehr Freiheit.

1.3 Von der wirtschaftlichen zur politischen Krise

Nach dem Scheitern von Calonnes Versuch, auf der Notabelnversammlung von 1787 Adel, Klerus und Noblesse de robe (geadelte Bürgerliche) von der notwendigen Reform zu überzeugen, unternahm Loménie de Brienne im Auftrag des Königs einen entgegengesetzten Ansatz, nämlich eine gewisse Demokratisierung der politischen Institutionen von der Basis her, auf kommunaler Ebene durch die Wahl von Vertretern des Dritten Standes, also des Volkes, in den ländlichen Gemeinden (in den Städten gab es bereits Selbstverwaltungsstrukturen) und die Schaffung von Ständeversammlungen auf regionaler Ebene. Vorgesehen war hier sogar bereits die Erhöhung der Zahl der Vertreter des Dritten Standes von einem Drittel auf die Hälfte aller Mitglieder – so viel wie Klerus und Adel zusammen –, was später eine Forderung des Dritten Standes wurde.
Sowohl die Rückbesinnung auf die alten ständischen Rechte, die in zwei Jahrhunderten Absolutismus unterdrückt worden waren, als auch der Versuch von Seiten der Regierung, den Widerstand gegen die Reformen zu spalten, führten zur Einberufung von Ständeversammlungen in mehreren Provinzen – in jenen pays d'états, die ein altes Ständerecht bewahrt hatten und dies nun einforderten, aber auch in einigen anderen, die direkt dem

König unterstanden (sogenannte pays d'élection). Die Versammlung von Vizille (Dauphiné) forderte am 21. Juli 1788 Generalstände (Etats généraux) für ganz Frankreich. Daraufhin verkündete der König am 8. August 1788 die Einberufung der Generalstände für den 1. Mai 1789 in Versailles. Damit sollte das Volk zum ersten Mal wieder seit 1614 vom König konsultiert werden, und zwar nach den Regeln ständischer Vertretung. Dies geschah am 8. August 1788; bereits acht Tage später sah der hellsichtige Graf Mirabeau, Kritiker seines eigenen Standes und deswegen später in der Provence zum Abgeordneten des Dritten Standes für Versailles gewählt, die weitere Entwicklung voraus.

Die Provinzialstände stellten die Weichen für die weitere Entwicklung: So setzte der Dritte Stand auf der Versammlung in Vizille durch, dass er mehr Vertreter stellen durfte (276) als die beiden anderen Stände zusammen: Klerus (50) und Adel (165); die Vertreter des Dritten Standes kamen jedoch ausschließlich aus der bürgerlichen Oberschicht der Städte, die Bauern waren nicht vertreten. Im Winter 1788/89 kam es dann bei den Provinzialständen der Bretagne in Rennes zu einer radikalen Konfrontation zwischen einem übermächtigen, unnachgiebigen Adel und dem Dritten Stand bis hin zu gewalttätigen Zusammenstößen auf der Straße. Die beiden Alternativen der weiteren politischen Entwicklung – Verhandlung und Kompromiss oder revolutionäre Machtprobe – zeichneten sich bereits für die Zukunft ab. Die bretonischen Abgeordneten des Dritten Standes kamen nach Versailles mit dem Selbstverständnis einer revolutionären Avantgarde und gründeten als Vorform einer politischen Partei den Bretonischen Club, aus dem nach dem Umzug der Nationalversammlung nach Paris der Jakobinerclub wurde.

Die Ständewahlen reaktualisierten eine mittelalterliche Dreiteilung der Gesellschaft, die 1789 weder mit der sozialen Wirklichkeit noch mit den politischen Interessen übereinstimmte. Klerus und Adel, die beiden ersten Stände, waren die „Privilegierten“: ein Begriff, der in jener Zeit seine bis heute gültige kritische, moralisch abwertende Bedeutung erhielt; alle anderen Schichten der Bevölkerung waren im Dritten Stand zusammengefasst.
Der Klerus als Erster Stand umfasste ca. 120 000 Personen, unter denen sich Bischöfe adliger Herkunft mit einem persönlichen Einkommen von 400 000 Livres jährlich ebenso befanden wie ca. 25 000 Mönche und Nonnen sowie die Masse der 50 000 Priester, von denen die meisten als Dorfpfarrer von der portion congrue, dem „Überbleibsel“ vom Kirchenzehnten ihrer Gemeinde lebten – 1786 700 Livres für Pfarrer, jedoch nur 300 Livres für die Vikare, von denen nicht wenige angesichts eines eklatanten Nachwuchsmangels stellvertretend Pfarreien leiteten. Manche Bischofssitze waren durch königliche Gunst quasi in den erblichen Besitz adliger Familien übergegangen, andere Ämter zu reinen Einnahmequellen geworden, die man deswegen sinécures (lat. sine cure = ohne Sorge) nannte (deutsch: Pfründe).
Den Zweiten Stand bildete der Adel, dessen Standesgrenzen seit Jahrhunderten durch den Amtsadel (noblesse de robe), also geadelte Bürgerliche (meistens Juristen), unscharf geworden waren und der schließlich durch die Pflicht zum Nachweis von mindestens vier Generationen und hundert Jahren Zugehörigkeit der Familie zum Adel auf ca. 350 000 Personen eingegrenzt wurde. Doch ebenso wie im Klerus gab es auch im Erbadel große soziale Unterschiede infolge der Verarmung des Kleinadels. 4 000 Adligen des Hofes, die stets auf öffentliche Ämter

2 **„Das Defizit“.** Karikatur von 1788. Ludwig XVI. fragt seinen Finanzminister Necker nach dem Verbleib des Geldes, dieser antwortet, dass er es hier gelassen habe. Die beiden Personen links sagen so viel wie: „Ich hab mein's“ und „... ich den Rest.“

1

3 Die drei Stände in einer Karikatur von 1789
Aus den Taschen des Geistlichen und des Adligen hängen Zettel mit den Aufschriften ihrer Priviligien und Einnahmequellen.

und Pfründe spekulierten und ihre grundherrschaftlichen Rechte zum Teil an reiche Bürger verkauft oder verpachtet hatten, stand der kleine Landadel gegenüber, der von der eigenen Landwirtschaft und den grundherrschaftlichen Einkünften lebte. In den königlichen Steuerlisten – auch Adel und Klerus mussten, im Gegensatz zur landläufigen Meinung, staatliche Steuern entrichten, allerdings traf sie das viel weniger als die Masse der Bevölkerung – waren Adlige in der Hierarchie der Steuerklassen bis zur 9. Stufe nach unten vertreten, die der Ebene der städtischen Handwerker entsprach. Während die einen, wie die bretonischen Adligen, nostalgisch von einer für sie glorreichen Vergangenheit träumten, erkannten andere, dass eine bessere Zukunft für alle in der Überwindung dieser alten Ordnung lag.
Am heterogensten zusammengesetzt war die Masse der im Dritten Stand (Tiers Etat) zusammengefassten Bevölkerung von ca. 28 Millionen Menschen. Von der Großbourgeoisie über die Handwerker in den Städten, Manufakturarbeitern, bürgerlichen Landbesitzern bis zu den Kleinbauern und besitzlosen Tagelöhnern in Stadt und Land gehörten alle zum Dritten Stand. Ebenso unterschiedlich waren daher die Interessen zwischen Reich und Arm, Stadt und Land innerhalb des Dritten Standes. An der Wahl zu den Generalständen teilnehmen durfte jedoch jeder männliche Franzose über 25, der mindestens 6 Livres Steuer pro Jahr zahlte; ausgeschlossen waren damit nur die allerärmsten Schichten sowie grundsätzlich die Frauen.
Die mit der Vorbereitung des Wahlaktes verbundene Abfassung der Beschwerdehefte stellt die umfassendste und intensivste Volksbefragung der Geschichte dar. (▶ M 20, 21) Da die Wahl der Abgeordneten des Tiers Etat nur indirekt erfolgte – Urwählerversammlungen wählten Wahlmänner, diese wiederum die eigentlichen Abgeordneten –, sollten die Beschwerdehefte den Willen der Wählerbasis an die gewählten Abgeordneten vermitteln. Dazu wurden auch die Einzelhefte nach Wahlbezirken auf dem Lande und nach Zünften in der Stadt inhaltlich zusammengefasst. Naturgemäß waren die Beschwerden nach den örtlichen Gegebenheiten höchst unterschiedlich und gingen von Beschwerden über die Grundherrschaft, lokale Probleme, zu hohe Preise für Lebensmittel usw. bis zu ausformulierten politischen Forderungen. So kamen im Beschwerdeheft von Paris die politischen Vorstellungen des Pariser Bürgertums und der Philosophie der Aufklärung zum Ausdruck, inklusive eines bereits ausgearbeiteten Verfassungsentwurfs. Als repräsentativ für die Provinz kann das Beschwerdeheft des Gerichtsbezirks (bailliage) von Metz gelten, in dem das angrenzende, heute zum Saarland gehörende Gebiet von Saarlouis einbezogen war. Die Beschwerdehefte dokumentierten jedoch auch widersprüchliche Interessen: einerseits Bewahrung alter Traditionen, zum Beispiel beim kommunalen Gemeindeland (Allmende) oder den alten Freiheiten der Provinzen –, andererseits Überwindung derselben im Hinblick auf eine bürgerlich-liberale Gesellschafts- und Wirtschaftsordnung, daher auf der einen Seite eher förderalistische Vorstellungen von einer neuen Verfassung, auf der anderen Forderungen nach einer Vereinheitlichung Frankreichs (Abschaffung der Binnenzölle, einheitliches Maßsystem) im Sinne einer umfassenden Gleichheit, und die Übertragung der gesamten Macht auf die nationale Volksvertretung.
Der Einfluss von gebildeten Persönlichkeiten und Juristen aus der Stadt auf die Abfassung der Beschwerdehefte und den Wahlvorgang auf dem Land beeinflusste die weitere Entwicklung im Sinne des städtischen Bürgertums. So schaffte es nur eine Handvoll besser gestellter Bauern, als Abgeordnete des Tiers nach Ver-

sailles zu gehen. Es wirkten jedoch über 4 Millionen Franzosen an der Abfassung der Beschwerdehefte mit und wurden dadurch im eigentlichen Sinne politisiert. Die Tatsache, dass der König das Volk befragte, wirkte sich zunächst auch positiv für dessen Ansehen aus. Erst die wochenlangen Auseinandersetzungen nach der Eröffnung der Generalstände brachten einen Schwenk in der Entwicklung und lösten die Revolution im eigentlichen Sinne aus.

1.4 Von der Stände- zur Nationalversammlung

Bei diesen Auseinandersetzungen ging es um die Forderung des Tiers Etat nach Abschaffung des Ständeprinzips bei den Abstimmungen (kollektives Votum jedes Standes) und um eine „Abstimmung nach Köpfen", also um individuelles Stimmrecht für alle Abgeordneten. Einige Kleriker, wie die beiden berühmten Geistlichen Abbé Sieyes und Abbé Grégoire, standen auf der Seite des Tiers Etat: Sieyes bereits als dessen gewählter Abgeordneter, Grégoire als Abgeordneter des Ersten Standes. (▶ M 23) Am 17. Juni erklärten sich die Abgeordneten des Dritten Standes unter Führung von Sieyes zur Nationalversammlung. Am 19. schloss sich dem die Mehrheit des Klerus (149 gegen 137) an, während der Adel den König zum Widerstand aufrief. Am 20. Juni versammelten sich deswegen die Abgeordneten der selbst ernannten Nationalversammlung im Ballhaus von Versailles – es handelte sich dabei um eine Tennishalle – zum Ballhausschwur. (▶ M 24)
Der König erklärte die Beschlüsse für nichtig und gab am 26. Juni Befehl zur Zusammenziehung von Truppen um Versailles und Paris. Vermittlungsversuche des Ministers Necker blieben erfolglos, am 11. Juli wurde er vom König entlassen, was in Paris wie auch in ganz Frankreich als Signal zum Machtkampf zwischen König und Volk verstanden wurde. Ende Juni bereits bildeten die 407 Stadtteildelegierten von Paris, die die Abgeordneten gewählt hatten, einen revolutionären Stadtrat, der die Macht übernahm und nun am 13. Juli die Aufstellung einer Bürgermiliz anordnete. Munitionsdepots wurden geplündert und ein Zug revolutionärer Bürger zog zur Bastille – königliches Gefängnis, Symbol des Absolutismus und Munitionslager. Ab 10 Uhr wurden Verhandlungen mit dem Kommandanten der Bastille, de Launay, geführt, die ergebnislos abgebrochen wurden und am Nachmittag zum Einsatz von Schusswaffen führten. Unter dem Eindruck der herangebrachten Kanonen kapitulierte de Launay und wurde Opfer der Lynchjustiz durch die aufgebrachte Menge, ebenso wie kurze Zeit später der Vorsitzende der Pariser Kaufmannsgilde, Flesselles, dem man Spekulation mit Lebensmitteln vorwarf. Ihre Köpfe wurden als Trophäen auf Lanzen gespießt und durch die Stadt getragen.
Am Tag darauf zog der König seine Truppen vor den Toren von Paris zurück und beugte sich der Nationalversammlung. Am 17. steckte er sich im Pariser Rathaus die revolutionäre Cocarde ans Revers, deren Farben blau-weiß-rot aus denen der Monarchie und der Stadt Paris zusammengesetzt sind und zur Nationalfahne Frankreichs wurden. Die Zeichen standen auf Versöhnung: Noch wurde die Pariser Commune von den gebildeten und begüterten Schichten des Bürgertums geführt, noch wünschte sich die Mehrheit der Nationalversammlung eine konstitutionelle Monarchie. Etliche Adlige hatten sich noch der

4 Der Ballhausschwur. Unvollendetes Gemälde von Jacques-Louis David. In der Mitte in erhöhter Position verliest der Vorsitzende Bailly die Eidesformel; die Gruppe davor (Ausschnitt 1) zeigt drei Geistliche: links den liberalen Abbé Grégoire, in der Mitte den Mönch Dom Gerle, rechts den protestantischen Pfarrer Rabaud Saint-Etienne. Auf der rechten Bildseite sticht der bretonische Bauer Michel Gérard heraus (Ausschnitt 2, in der Mitte). Ganz rechts der Einzige, der den Schwur verweigert.

Nationalversammlung angeschlossen, darunter der Marquis de Lafayette, der auf amerikanischer Seite als Offizier im Unabhängigkeitskrieg teilgenommen hatte und innerhalb des Adels für den Verfassungsstaat eingetreten war. Er wurde dann auch Kommandant der Nationalgarde. Insgesamt trat knapp die Hälfte der Abgeordneten des Ersten und Zweiten Standes der Nationalversammlung bei. Die anderen Adligen verließen Versailles und bereiteten bereits die Emigration vor, die sich im Laufe der nächsten Monate und Jahre u.a. in Koblenz und Mainz sammelte, in der Hoffnung, die Entwicklung in Frankreich mit Hilfe des Auslandes noch einmal ändern zu können.
Nach Bekanntwerden der Nachricht von der Entlassung Neckers reagierten die Patrioten, wie sich die Befürworter eines neuen Frankreichs nannten, in der Provinz von sich aus mit der Bildung von bewaffneten Bürgermilizen zur Übernahme der Macht vor Ort. Die Nachricht vom Bastillesturm kam in den entfernteren Regionen oft erst an, nachdem dort bereits die örtlichen „Bastillen" gestürmt worden waren. Die Revolution in den Städten (révolution municipale) war in den meisten Fällen somit keine Nachahmung des Pariser Vorbilds, sondern ein paralleler Vorgang. In einigen Städten im Süden war die révolution municipale schon zuvor vollzogen worden, in Marseille bereits im März.

Auch auf dem Lande brachen Unruhen aus, die, unter dem Begriff „die Große Furcht" (la Grande Peur) zusammengefasst, eine Folge der Juliereignisse waren, nämlich aus Angst vor einem Gegenschlag des Adels. Doch in weiten Regionen war es schon zuvor zu Aufständen gegen adlige Grundherren wie auch zu Auseinandersetzungen um Verteilung und Preisfestsetzung der Lebensmittel gekommen. Insgesamt wurden 300 einzelne Aufstände registriert. Die Revolution auf dem Lande folgte ihrer eigenen Logik und erwartete nach dem Sieg der Nationalversammlung über den König die Erfüllung ihrer Hoffnungen, die im Zuge der Radikalisierung inzwischen weit über die Beschwerdehefte hinausgingen. Damals schon, betont der Historiker Georges Lefebvre, berichtete der Gerichtsvertreter des Königs im Bezirk Saumur, „dass die Wahlversammlungen in den Landgemeinden glaubten, sie seien mit souveräner Macht ausgestattet und dass die Bauern meinten, sei seien fortan von der Leistung der Herrenabgaben frei".
In der Südhälfte Frankreichs, wo nach alter römischer Tradition das geschriebene Recht galt, stürmten Bauern die Schlösser ihrer Grundherren und verbrannten die herrschaftlichen Urkunden, in denen ihre Pflichten festgelegt waren.

5 Sturm auf die Bastille. Unbekannter Künstler, Musée Carnavalet.

1.5 Der Weg zur konstitutionellen Monarchie

Die Nationalversammlung hatte sich zur verfassunggebenden Nationalversammlung (Assemblée nationale constituante) erklärt. In der Nachtsitzung vom 4. zum 5. August überstürzten sich die Redner mit Forderungen nach Abschaffung der alten Feudalrechte. Etliche adlige Abgeordnete erklärten feierlich den Verzicht auf ihre Privilegien. Beschlossen wurde schließlich die Abschaffung aller Formen der Leibeigenschaft, des Frondienstes und der grundherrlichen Privilegien (Jagdrecht usw.), der grundherrlichen Gerichtsbarkeit und weiterer Adelsprivilegien (Steuerfreiheit, öffentliche Ämter, Offizierslaufbahn usw.). Vor der Abschaffung der grundherrlichen Rechte auf den Grund und Boden, also die Abgabenpflicht der Bauern, zögerten die Abgeordneten jedoch und beschlossen stattdessen die Ablösbarkeit, d.h. die Möglichkeit des Freikaufs von dieser Pflicht. Als in der darauf folgenden Woche die Details verhandelt wurden, rückte man von der entschädigungslosen Abschaffung der Frondienste wieder ab und beschloss auch hier die Ablösbarkeit. Nur der Kirchenzehnt wurde ersatzlos gestrichen, erster Schritt zur Integration der Kirche in den Staat, die in den darauf folgenden Monaten vollzogen wurde. Die Ablösung von den Feudallasten blieb ungeklärt bis zum Gesetz vom 15. Mai 1790, das die Modalitäten festlegte: Danach betrug der Preis der Ablösung das Zwanzigfache der Abgaben eines Jahres im Falle von Geldzahlungen, das Fünfundzwanzigfache im Falle von Naturalleistungen. Aufgehoben wurden dagegen die Zünfte und damit Handwerk und Handel auf die Grundlage einer freien Marktwirtschaft gestellt. Mit dem Gesetz vom 14.6.1791 verbot man jedoch auch jede neue berufsständische Organisation und damit auch die Bildung von Gewerkschaften sowie Arbeitskämpfe, wie sie in einigen Bereichen der entstehenden Industrie bereits zustande gekommen waren.

Schließlich wurden auch die alten Provinzen mit ihren Sonderstatuten, die in den Beschwerdeheften noch eingeklagt worden waren, aufgehoben; eine Kommission erarbeitete eine rationelle Einteilung in Départements, die die regionalen Identitäten auslöschen und stattdessen einer Verwaltungslogik folgen sollten. Der damit verbundene politische Zentralismus ist bis heute nicht nur ein ständiges Thema der französischen Politik, sondern etablierte generell ein Modell des Nationalstaates.

Am 26. August 1789 wurde die Erklärung der Menschen- und Bürgerrechte beschlossen, die nach der langen Tradition einzelner Grundrechte in England und dem Grundsatz der Menschenrechte in der amerikanischen Unabhängigkeitserklärung den ersten umfassenden Menschenrechtskatalog darstellt. Doch mit der Auflösung der Stände wurden noch nicht alle Menschen zu gleichen Staatsbürgern (citoyens) – für wen galten die Bürgerrechte?

Für die seit der Aufhebung des Edikts von Nantes durch Ludwig XIV. 1685 unterdrückten Protestanten – diejenigen, die in Frankreich geblieben waren – war schon seit 1787 ein Prozess der Emanzipation in Gang gekommen, bei den Wahlen zu den Generalständen waren sie gleichberechtigt. Die Nationalversammlung gestand ihnen außer der Religionsfreiheit ein Entschädigungsrecht für seit 1685 im Zuge der Verfolgung erlittene Enteignungen von Besitz zu.

Anders war es zunächst bei der Frage nach der Emanzipation der Juden. Es gab in Frankreich zwei verschiedene Gruppen jüdischer Einwohner, die einen unterschiedlichen Status hatten und auch während der Revolution zunächst unterschiedlich behandelt wurden: zum einen einige jüdische Gemeinden im Süden, die nach den Vertreibungen im 14. Jahrhundert zum Teil unter päpstlichem Schutz in Avignon gelebt und nach und nach wieder zurückgekehrt waren, sowie später eingewanderte Juden spanischer und portugiesischer Herkunft; auch sie profitierten von einem schrittweisen Emanzipationsprozess seit 1787, für den sich spätere Revolutionäre wie Mirabeau, Abbé Grégoire oder der Philosoph Malesherbes eingesetzt hatten. Sie galten bei den Wahlen zu den Generalständen als Franzosen und waren wahlberechtigt. Anders die Juden im Elsass, die unter dem örtlichen Recht deutscher Tradition noch weitgehend unter dem Zwang des Ghettos lebten und als Ausländer galten. Nach langen Diskussionen beschloss die Nationalversammlung am 24. Februar 1790 die Gleichstellung der südfranzösischen, am 27. September 1791 schließlich aller Juden in Frankreich. (▶ M 28) Diese erste vollzogene staatsbürgerliche Gleichstellung der Juden beendete aus der Sicht der jüdischen Geschichte das Mittelalter.

Ebenfalls schon vor der Revolution hatte sich eine Société des Amis des Noirs gegründet, die analog zu den Vereinen in England und den USA die Aufhebung der Sklaverei forderte (die Bewegung der Abolitionisten). Ihr gehörten mehrere herausragende Abgeordnete der späteren Nationalversammlung (Konstituante) an, darunter auch wieder Abbé Grégoire. Die Konstituante befasste sich in mehreren Debatten mit der Menschenrechtsfrage in den Kolonien, nach dem Verlust der nordamerikanischen Kolonien nur noch die Inseln Réunion und Bourbon (heute Mauritius) im Indischen Ozean sowie vor allem die karibischen Inseln mit der Hauptkolonie Saint-Domingue (das heutige Haiti). Die Abolitionisten konnten sich in der Konstituante jedoch nicht durchsetzen, zu stark war die Lobby der weißen Kolonisten und

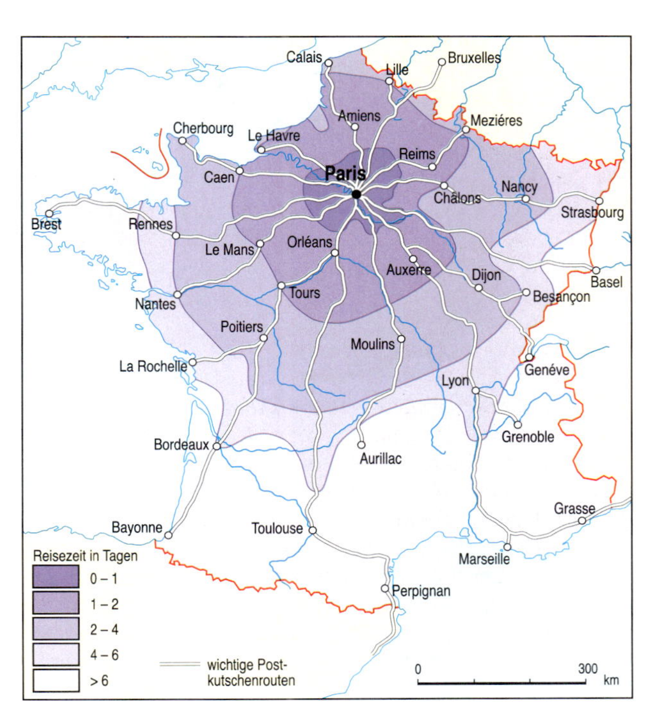

6 **Postrouten im 18. Jahrhundert**

7 Medaillon aus den französischen Kolonien

des Sklavenhandels. Nach einigem Zögern, den wenigen freigelassenen ehemaligen Sklaven und Mischlingen die Bürgerrechte zu gewähren (Dekret vom 15. Mai 1791 ▶ M 30), machte die Konstituante schließlich im September einen Rückzieher und überließ dies den Versammlungen in den Kolonien, also den dort als Aktivbürger eingestuften Siedlern. Zur selben Zeit begann auf Haiti ein Freiheitskampf der Sklaven, der in einen blutigen Krieg und die Befreiung der Sklaven unter der Führung des „schwarzen Jakobiners" Toussaint L'Ouverture mündete. 1794 wurde die Sklaverei offiziell abgeschafft, unter Napoleon jedoch 1802 wieder eingeführt und bis zur Revolution 1848 aufrechterhalten. Toussaint L'Ouverture wurde gefangen genommen und starb 1803 in französischer Haft. 1804 erkämpften die Haitianer dennoch ihre Unabhängigkeit und gründeten einen eigenen Staat. Auch wenn sich Haiti bis heute durch innere Konflikte und sich abwechselnde Diktaturen nicht aus der Armut hat befreien können, so handelt es sich historisch dennoch um eine einzigartige Selbstbefreiung von Sklaven.

Die Frauen blieben von der Menschenrechtserklärung und später auch vom Wahlrecht ausgeschlossen. Schon die Formulierung Déclaration des droits de l'homme et du citoyen betraf nur die männliche Bevölkerung. Dennoch engagierten sich Frauen auf vielfältige Weise politisch und forderten ihre Rechte ein. In Paris wie in der Provinz nahmen sie an den Ereignissen teil; als sich in den Städten politische Clubs gründeten, waren sie mit dabei. In dem Maße jedoch, wie ihnen dabei die Gleichberechtigung versagt blieb, gründeten sie eigene Clubs und vertraten eigenständige Forderungen. 1791 veröffentlichte die Schriftstellerin Olympe de Gouges eine analog zur Menschenrechtserklärung verfasste Déclaration de la femme et citoyenne. (▶ M 26) Dabei trugen die Frauen durch den berühmten Zug der Frauen nach Versailles viel zur Durchsetzung der Menschenrechte bei.
Den ganzen September über weigerte sich nämlich der König, die Augustbeschlüsse der Nationalversammlung anzuerkennen. Da kam es am 5. Oktober zu einer jener Situationen, in denen sich durch das Zusammentreffen von politischem Unmut und täglicher Not (die Lebensmittelverknappung) eine revolutionäre Aktion entzündet: Frauen aus dem Arbeitervorort Saint-Antoine und aus dem Pariser Markthallenviertel verlangten nach Brot und zogen in einem Tagesmarsch zum Versailler Schloss, wo sie um 5 Uhr nachmittags ankamen, unter ihnen die belgische Frauenrechtlerin Théroigne de Méricourt, die schon am Bastillesturm beteiligt war. Mit mehrstündiger Verspätung folgte den Frauen die bewaffnete Pariser Nationalgarde. Die Forderungen der Frauen nach besserer Versorgung und niedrigeren Preisen richteten sich in Versailles an den König und an die Nationalversammlung. Am Morgen des 6. Oktober gelang es der versammelten Truppe, den König zur Anerkennung der Augustbeschlüsse zu zwingen und ihn und seine Familie sowie die Abgeordneten der Nationalversammlung nach Paris zu holen, wo der König fortan ins alte Schloss, den Louvre, zurückkehrte und die Nationalversammlung im

8 Zug der Frauen nach Versailles, 5. Oktober 1789. Unbekannter Künstler.

9 Patriotischer Frauenclub. Gouache von Pierre Etienne Lesieur.

alten Reitsaal der Tuilerien einen neuen Tagungsort fand. Die politische Avantgarde der Nationalversammlung, der bretonische Club, bezog als Société des Amis de la Constitution ein ehemaliges Jakobinerkloster, woraus die Bezeichnung Jakobinerclub entstand.

Die engagierten Frauen waren politisch ebenso unterschiedlich orientiert wie die gesamte Gesellschaft. Olympe de Gouges setzte sich für den König ein, als es politisch nicht mehr geraten war: Unter der Jakobinerherrschaft wurde sie als Royalistin hingerichtet; Charlotte Corday ermordete den radikalen Journalisten Jean-Paul Marat; Manon Roland, die hochgebildete Frau des girondistischen Ministers Roland und vielleicht die politisch weitsichtigste unter den bekannten Revolutionärinnen, erlitt das Schicksal ihres Mannes: die Guillotine; Théroigne de Méricourt nahm an weiteren revolutionären Aktionen wie dem Tuileriensturm im August 1792 teil, gründete einen revolutionären Frauenclub und wurde unter der Jakobinerdiktatur als Girondistin verhaftet; als geisteskrank eingestuft, überlebte sie im Sanatorium. In der Phase der Jakobinerdiktatur organisierten sich jedoch auch Jakobinerinnen in eigenen Clubs, die dann verboten wurden.

Am radikalsten zeigte sich die Revolution im Kampf gegen die katholische Kirche. Auf die entschädigungslose Enteignung des Kirchenzehnten in den Augustbeschlüssen folgten sogleich der Vorschlag zur Verstaatlichung des Kirchenbesitzes durch den Bischof Talleyrand, einem alle politischen Umbrüche überstehenden einflussreichen Politiker, und schließlich das entsprechende Gesetz am 3. November 1789. Der gesamte Kirchenbesitz ging in die Hände des Staates über und sollte als „Nationalgüter" zur Abtragung der Staatsschulden verkauft werden. Der Klerus sollte in ein beamtenähnliches Verhältnis überführt, vom Staat besoldet und dem Staat verpflichtet werden durch die Leistung des Bürgereides auf die Verfassung (sog. Zivilkonstitution der Klerus am 12. Juli 1790).

Jetzt wurden die Priester jedoch in einen Loyalitätskonflikt zwischen Staat und Papst gestürzt, der viele in die Verweigerung des Eides trieb, darunter auch bis dahin positiv zur Revolution eingestellte Kleriker. Doch dabei blieb es nicht: Mit der Einführung der Zivilehe am 20. September 1792 wurde erstmalig in Europa ein Schritt zur Trennung von Kirche und Staat unternommen. In der folgenden Zeit entwickelte sich ein ideologischer Kampf nicht nur gegen die Kirche als Institution, sondern auch gegen das Christentum als Religion, der in die Schließung, Zerstörung und Besetzung von Kirchen für neu entstehende pseudoreligiöse Kulte mündete, die eine Göttin Vernunft (la déesse Raison) oder ein Höchstes Wesen im Sinne des Deismus der Aufklärungsepoche verehrten und eine „Zivilreligion" im Sinne des letzten Kapitels von Rousseaus Gesellschaftsvertrag einführen wollten. Zusammen mit dem Sturz der Monarchie Ende 1792 brachte diese Kulturrevolution dann auch die Einführung eines neuen Kalenders mit einer 10-Tage-Woche: la décade.

1.6 Der Fluchtversuch des Königs und die Verfassung von 1791

Nach dem erzwungenen Umzug des Königs und der Nationalversammlung von Versailles nach Paris nahm die Konstituante ihre Arbeit an der Verfassung auf, die immer wieder von den aktuellen politischen Konflikten des Jahres 1790 (aufständische Bauern, widerspenstiger Klerus) sowie den drängenden wirtschaftlichen und finanziellen Problemen unterbrochen wurden. Außerdem entwickelten die emigrierten Adligen vom Ausland her Aktivitäten gegen das revolutionäre Frankreich. In der Nacht vom 20. zum 21. Juni trat die königliche Familie inkognito eine lang vorbereitete Flucht an, die über die Grenze nach Deutschland führen sollte. Durch eine Panne bei der Organisation der Auswechselpferde musste die Kutsche jedoch in Varennes Halt machen, wo der König vom Sohn des Postmeisters erkannt wurde. Die revolutionären Patrioten stoppten die weitere Flucht, der König wurde nach Paris zurückgebracht und das Ganze als Entführungsversuch deklariert.

Die Flucht des Königs hatte immerhin eine Konsequenz: Sie spaltete definitiv die Revolution in Anhänger der konstitutionellen Monarchie und Republikaner. Am 17. Juli 1791 organisierte der republikanische Club des Cordeliers eine Massenkundgebung auf dem Champs de Mars (wo heute der Eifelturm steht), die von der Nationalgarde blutig niedergeschlagen wurde (50 Tote). Der Bürgerkrieg, der sich vielerorts schon durch Bauernaufstände in der Provinz angekündigt hatte, hatte sein erstes Fanal in der Hauptstadt gefunden.
Die am 4. September schließlich verabschiedete Verfassung einer konstitutionellen Monarchie entsprach einem hinter der realen Entwicklung zurückliegenden Stand politischen Denkens. Durch die Unterscheidung zwischen Aktiv- und Passivbürgern sowie dem damit verbundenen Zensuswahlrecht schuf sie viele Enttäuschte in Frankreich. Bei der anstehenden Neuwahl der Nationalversammlung, die sich dann Assemblée nationale législative nannte, durften zudem keine Abgeordneten der Konstituante wieder kandidieren. Die in der Konstitutante in der Minderheit gebliebene Opposition gegen die Verfassung arbeitete fortan von außen gegen die Legislative, organisierte sich in politischen Clubs und stützte sich auf das revolutionäre Pariser Volk der Handwerker und Kleinbürger, die sich durch den Verzicht auf die für das Ancien Régime typischen Kniebundhosen zugunsten von beinlangen Hosen, wie sie damals die Arbeiter trugen, die Sansculotten nannten (les sansculottes = ohne Culotte-Hosen).
Bei der Wahl der Legislative waren ca. 4,3 Millionen Aktivbürger, von insgesamt 7 Millionen Männern, wahlberechtigt, die Zahl der zu dieser Funktion berechtigten Wahlmänner betrug ca. 50 000. Das Zensusprinzip war schon im Dezember 1789 für die Kommunalwahlen eingeführt worden und daher bereits Realität im Lande.

1.7 Der Weg zur Republik und in den Krieg

Die auf zwei Jahre gewählte Legislative sollte das reguläre Ende ihrer Amtszeit nicht erleben. Die Eidesleistung des Königs auf die Verfassung und deren Inkrafttreten im September 1791 wurde allseits als anachronistisch empfunden. (▶ M 31, 32) Die konstitutionelle Monarchie unterwarf den König der Nation und setzte deren Vertretung als Legislative eigentlich an die Spitze des Staates, überließ jedoch die Exekutive inklusive Oberfehl über das Militär dem König und diesem auch ein aufschiebendes Vetorecht gegen Gesetzesbeschlüsse. Trotz der exklusiven Auswahl durch das Zensuswahlrecht konnte sich die Legislative dem Druck der Ereignisse und der öffentlichen Meinung nicht entziehen. Dies zeigte sich zuerst in der außenpolitischen Frage, dann im Konflikt mit Ludwig XVI., der schließlich zu seinem Sturz und zu seiner Verurteilung führte.
Schon vor dem Fluchtversuch war zwischen der königlichen Familie, den Emigranten unter Führung des Fürsten Condé in Koblenz und den auswärtigen Monarchien (Österreich, Preußen, Spanien) ein informelles Netzwerk zum Kampf gegen die Revolution in Frankreich entstanden, dem sich inzwischen auch der emigrierte Thronfolger

10 Karikatur über die Emigrantenarmee unter der Leitung des vormaligen Fürsten Condé

angeschlossen hatte. Nach der gescheiterten Flucht gab es von Österreich und Preußen in der Erklärung von Pillnitz (27. August 1791) eine erste Warnung an Frankreich mit der Drohung einer militärischen Intervention. Dies wurde von der damals führenden Gruppe im Jakobinerclub und dem radikalen Flügel in der Legislative unter Führung des Abgeordneten Brissot aus Bordeaux – weswegen die Gruppe dann Girondins genannt wurde (nach dem Département Gironde) – als Begründung für einen Präventivkrieg aufgegriffen, der schließlich am 20. April 1792 durch eine Kriegserklärung Frankreichs an den „König von Ungarn und Böhmen" eröffnet wurde (der Kaisertitel des habsburgischen Monarchen wurde bewusst vermieden). Die Unterzeichnung der Kriegserklärung durch Ludwig XVI. entsprach wohl auch seinem Willen, da dadurch die erwünschte militärische Auseinandersetzung herbeigeführt wurde. Schon am 3. Dezember 1791 hatte Ludwig insgeheim die ausländischen Monarchien vergeblich zum militärischen Eingreifen aufgerufen und die Königin Marie-Antoinette, selbst Österreicherin, schrieb: „Der physische und moralische Zustand Frankreichs macht es unmöglich, dass es auch nur einen halben Feldzug durchhält."

Der „moralische Zustand" Frankreichs war jedoch besser als der „physische": Am 29. April bereits veröffentlichte Rouget de Lisle in Straßburg das „Kriegslied für die Rheinarmee", dessen Hintergrund der Zug freiwilliger Soldaten von Marseille an die Grenze war und als Marseillaise zur französischen Nationalhymne wurde. In einer ersten Welle der Begeisterung meldeten sich viele Freiwillige für den Krieg, doch es fehlte an Geld.

Der Verkauf der Nationalgüter vollzog sich nicht schnell genug, so dass man Anteilscheine auf die Nationalgüter ausgab, die Assignaten, die zunächst mit 5% verzinst wurden. Die allgemeine Situation der Unsicherheit führte jedoch zum weiteren Rückgang der Steuereinnahmen, so dass das Defizit für 1790 von 80 auf 294 Mio Livres anstieg. So beschloss man, die Assignaten durch Teilung in kleinere Einheiten in ein allgemeines Zahlungsmittel umzuwandeln (April 1790), sie kamen dadurch in Umlauf, dass der Staat alle seine Verpflichtungen in Assignanten beglich, die am 29. September 1790 durch einen allgemeinen Annahmezwang bei Abschaffung der Verzinsung zu offiziellem Papiergeld wurden. Kleinere Einheiten von 3–24 Livres wurden von Banken und noch kleinere von dafür gegründeten Assoziationen – Caisses patriotiques der Sociétés populaires in ganz Frankreich – ausgegeben, allein in Paris zirkulierten 63 verschiedene Typen von Anteilscheinen. Viele Sociétés populaires gaben jedoch mehr Scheine aus, als ihrem Vermögen entsprachen. Die Caisse patriotique de la Maison de secours in Paris erlebte einen Crash von mehreren Millionen Livres. Danach wurden die Scheine der Caisses patriotiques am 30. März 1792 verboten.

Doch auch der Staat gab immer mehr Assignaten aus: Ursprünglich auf 1 Milliarde, nämlich auf den Schätzwert der Nationalgüter, beschränkt, wurden 1792 bis zu 2 Mrd. ausgegeben. Die Inflation begann. Im April 1793 beschloss die 1792 nun Convention (dt. Konvent) genannte Nationalversammlung neue Zwangsmaßnahmen zur Akzeptanz der Assignaten, so durften die Händler keine zwei verschiedenen Preise (einen für altes Münzgeld, einen für Assignaten) ausschreiben, ab 5. September 1793 galt die Todesstrafe für „Diskreditierung von Assignaten". Am 4. Mai 1793 wurden Höchstpreise für Getreide festgesetzt, das sog. Maximum, kurz darauf aber 1,2 Mrd neue Assignaten ausgegeben. Alle Zwangsmaßnahmen erwiesen sich als unzureichend gegenüber einer steigenden Verschuldung von 200 Millionen monatlich. Da der Krieg zum Schuldenanstieg beitrug, konnte offenbar nur der Krieg auch wieder zum Abbau der Schulden beitragen.

Die Unzufriedenheit mit dem Gang der Revolution hatte in Frankreich Widerstände auf allen Seiten hervorgerufen, die sich immer mehr in gewalttätigen Zusammenstößen äußerten. Die wirtschaftliche Krise brachte eine weitere Front von Interessenskonflikten zwischen Stadt und Land, Konsumenten und Produzenten der Lebensmittel, die primär nichts mit der politischen Auseinandersetzung zu tun hatten, diese aber immer wieder überschatteten. (▶ M 34–36) Innere und äußere Konflikte verbanden sich fortan auf das Engste.

Die militärische Führung war durch den Loyalitätskonflikt zwischen König und Nationalversammlung geschwächt, namhafte Generäle liefen zu den Österreichern über, neben den wenigen regulären Truppen mangelte es den Freiwilligen an Ausbildung und Ausrüstung. Koordinationsprobleme hatten darüber hinaus in den österreichischen Niederlanden (Belgien) einen möglichen raschen Sieg über die österreichischen Truppen verhindert. Am 25. Juli 1792 hatte der Herzog von Braunschweig als Oberbefehlshaber im Namen Österreichs und Preußens erklärt, in Frankreich die uneingeschränkte Macht des Königs wiederherstellen zu wollen, jeglichen Widerstand mit vollständiger Zerstörung zu beantworten, und dass er im Falle der „mindesten Beleidigung" der königlichen Familie „für alle Zeiten denkwürdige Rache nehmen und die Stadt Paris einer militärischen Exekution und dem gänzlichen Ruin preisgeben" werde.

1.8 Der Sturm auf die Tuilerien und das Ende der Monarchie

Das Manifest des Herzogs von Braunschweig, der Widerstand des Königs gegen Gesetze der Nationalversammlung durch Ausnutzung seines Vetorechts sowie die offensichtliche Verbindung zwischen den Teilen der königlichen Familie in Paris und im Ausland, die als Verschwörung gegen die Revolution und damit gegen das französische Volk aufgefasst wurde, radikalisierten die Volksmassen in Paris und in der Provinz. Aus der Bretagne und aus Marseille reisten bewaffnete Föderierte, wie sich die Freiwilligenverbände nannten, nach Paris. Zusammen mit den Pariser Sansculotten nahmen sie die politische Initiative in die Hand: Am 10. August 1792 wurden die Tuilerien, wo die Nationalversammlung im königlichen Reitstall tagte, und der Louvre, die Residenz des Königs, besetzt, die Schweizer Garde des Königs besiegt und Ludwig XVI. seines Amtes für enthoben erklärt.

Die Nationalversammlung musste einsehen, dass die Verfassung von den Ereignissen überholt worden war und rief die Wahl eines neuen Parlaments, Convention nationale genannt, unter einem neuen und demokratischeren Wahlrecht aus. In das Justizministerium der neuen provisorischen Regierung wurde Georges Danton berufen, mit Maxilimien Robespierre führende Persönlichkeit des Jakobinerclubs und herausragender Aktivist des 10. August.

11 „Passans, cette terre est libre."
Aquarell von J. W. von Goethe, 1792.

Zugeständnisse an die Bauern bei der Ablösung von den Feudallasten sollten Sympathien auf dem Lande schaffen und Freiwillige für die Armee mobilisieren. Am 2. September musste Verdun vor den Österreichern kapitulieren, in Paris reagierte das Volk der Straße mit Massakern an mehr als Tausend „Verrätern und Verschwörern" in den Gefängnissen, die nach dem 10. August verhaftet worden waren. Diese so genannten „Septembrisaden" bildeten den Auftakt zu dem, was man später la Terreur nannte, die Schreckensherrschaft als Abschreckung der Feinde der Revolution, und wurden von Danton als zuständigem Justizminister nachträglich als gerechte Volksjustiz in Zeiten des Krieges legitimiert. Gleichwohl stellte sich hier auch für die jakobinische Linke die Frage, wer die politische Macht hatte: die gewählte Volksvertretung oder das selbsternannte Volk auf der Straße unter dem Einfluss radikaler Agitatoren und Journalisten wie Jean-Paul Marat, dessen Aufruf zur Abrechnung mit den „Verrätern im Inneren" vielleicht das auslösende Moment für die Septembrisaden dargestellt hatte.
Am 19./20. September wendete sich die äußerst bedrohliche Kriegslage durch die Kanonade von Valmy in Lothringen, die den Vormarsch der Österreicher stoppte, obwohl der gegenseitige Artilleriebeschuss keine militärisch entscheidende Schlacht darstellte. Vielmehr war es ein moralischer Sieg der Franzosen, wie Johann Wolfgang von Goethe, der auf deutscher Seite mit dem Herzog von Thüringen im Gefolge der preußischen Truppen die Kampagne in Frankreich begleitete, in sein Tagebuch schrieb:
„Die größte Bestürzung verbreitete sich über die Armee. Noch am Morgen hatte man nicht anders gedacht, als die sämtlichen Franzosen anzuspießen und aufzuspeisen [...]. Die meisten schwiegen, einige sprachen, und es fehlte doch eigentlich einem jeden Besinnung und Urteil. Endlich rief man mich auf, was ich dazu denke? [...] Diesmal sagte ich: ‚Von hier und heute geht eine neue Epoche der Weltgeschichte aus, und ihr könnt sagen, ihr seid dabei gewesen.' (Kampagne in Frankreich, 19. Sept., abends.)"
Auf französischer Seite wurde die Schlacht von Valmy ebenfalls zur Schicksalswende hochstilisiert, die sie eigentlich nicht war, aber fortan sollte sich die Begeisterung einer nationalen Armee stärker als die Motivation einer Söldnerarmee erweisen. Ein Sieg war trotzdem noch lange nicht in Sicht.

1.9 Der Nationalkonvent, der Bürgerkrieg und die Terreur

Der Konvent trat am 21. September 1792 zusammen und bestimmte später diesen Tag des Äquinoktiums (Tagundnachtgleiche) zum Beginn des Jahres I des republikanischen Kalenders. Die Wahl fand unter einem fast demokratischen Wahlrecht für die männliche Bevölkerung statt – ausgeschlossen blieben nach wie vor die Frauen sowie die Erwerbslosen und die Dienerschaft, die als „nicht selbständig" im Sinne einer eigenständigen Existenz betrachtet wurden. Doch das Klima des politischen Kampfes führte dazu, dass insgesamt nur 10% der Wahlberechtigten teilnahmen. Die immer dramatischere militärische Lage, die Angst vor Verrätern im Inland und die sich zuspitzenden sozialen Konflikte radikalisierten weiter den Konvent. (▶ M 43–44)
Den Jakobinern unter der Führung von Danton und Robespierre, dann unter der Diktatur Robespierres, gelang es, die ehemals führende Gruppe der Girondisten um Brissot, die aus den eigenen Reihen des Jakobinerclubs hervorgegangen war und dann ausgeschlossen wurde, von der Macht zu verdrängen und anschließend angesichts ihres Widerstandes als „Verräter" vor das neu gegründete Revolutionstribunal zu bringen. Die Regierung und Verwaltung wurde pauschal für korrupt erklärt, der Konvent setzte nun Ausschüsse ein, zunächst den Sicherheitsausschuss und dann den Wohlfahrtsaussschuss (Comité de salut public), die die eigentliche Macht übernahmen.
Der Prozess gegen Louis Capet, wie der entthronte König fortan hieß, begann am 11. Dezember 1792 in der Nationalversammlung, die ihn am 15. Januar 1793 mit 424 zu 287 Stimmen für schuldig befand und am 17. Januar mit 387 zu 334 das Todesurteil aussprach. Der Antrag auf eine Volksabstimmung, der auch von den Girondisten befürwortet wurde, fand keine Mehrheit. Am 21. Januar 1793 wurde die Hinrichtung in Paris auf der Place de la Révolution, später von Napoleon in Place de la Concorde umbenannt, mit der Guillotine vollzogen, einem Fallbeil auf einem Schafott (frz. échafaud = Gerüst), das der Arzt Guillotin dem König 1789 nach italienischen Vorbildern aus dem 16. Jahrhundert als humanere Hinrichtungsart für Verbrecher präsentiert hatte.
Den Kritikern links, von den „Hébertisten" – benannt nach dem Pariser Sansculottenführer Hébert – oder den sogenannten Enragés („die Aufgebrachten") von Jacques Roux, ging die Revolution nicht weit genug, denn die Jakobiner blieben letztlich den kleinbürgerlichen Idealen verhaftetet. Das Eigentum als solches und die damit verbundene soziale Ungleichheit stellten sie nie

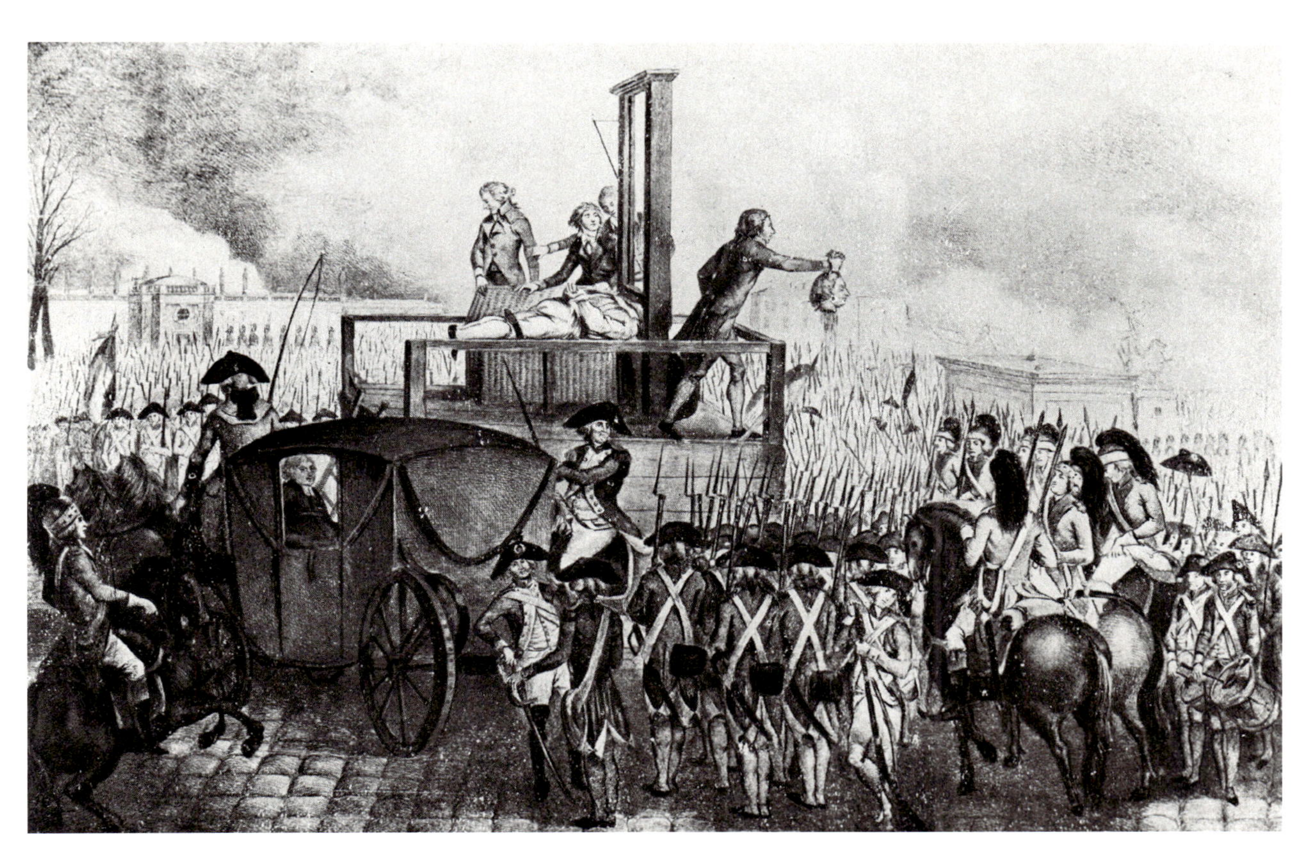

12 **Die Hinrichtung Ludwigs XVI.** Radierung 1793.

13 **Politische Radikalisierung und Verschiebung der Kräfteverhältnisse im Parlament bis zum Sturz Robespierres**

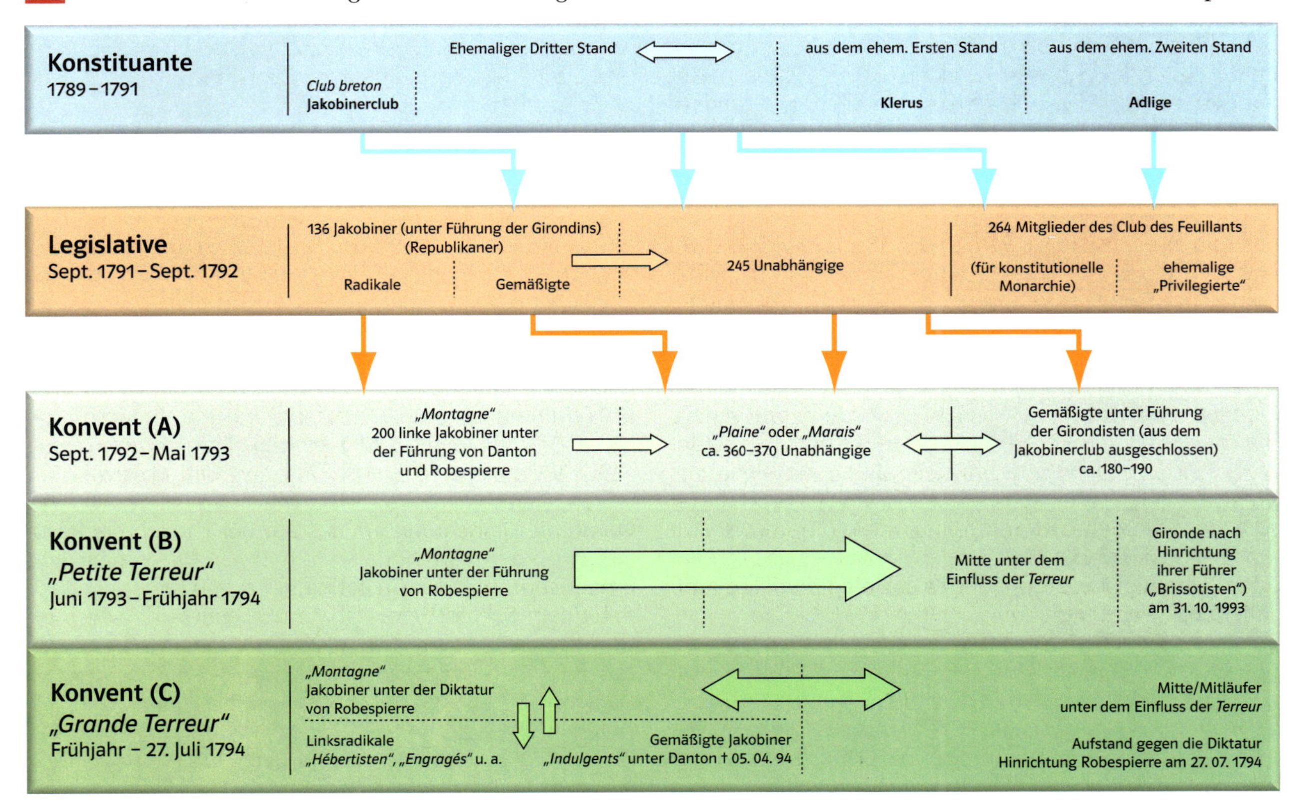

Nach der Sitzverteilung schon in der Legislative saßen die Republikaner und radikalen Revolutionäre links bzw. auf einer Tribüne (Montagne – „Bergpartei“), die Konservativen bzw. Gemäßigten rechts, getrennt von einer schwankenden Mitte (Plaine – Ebene/Marais – Sumpf).

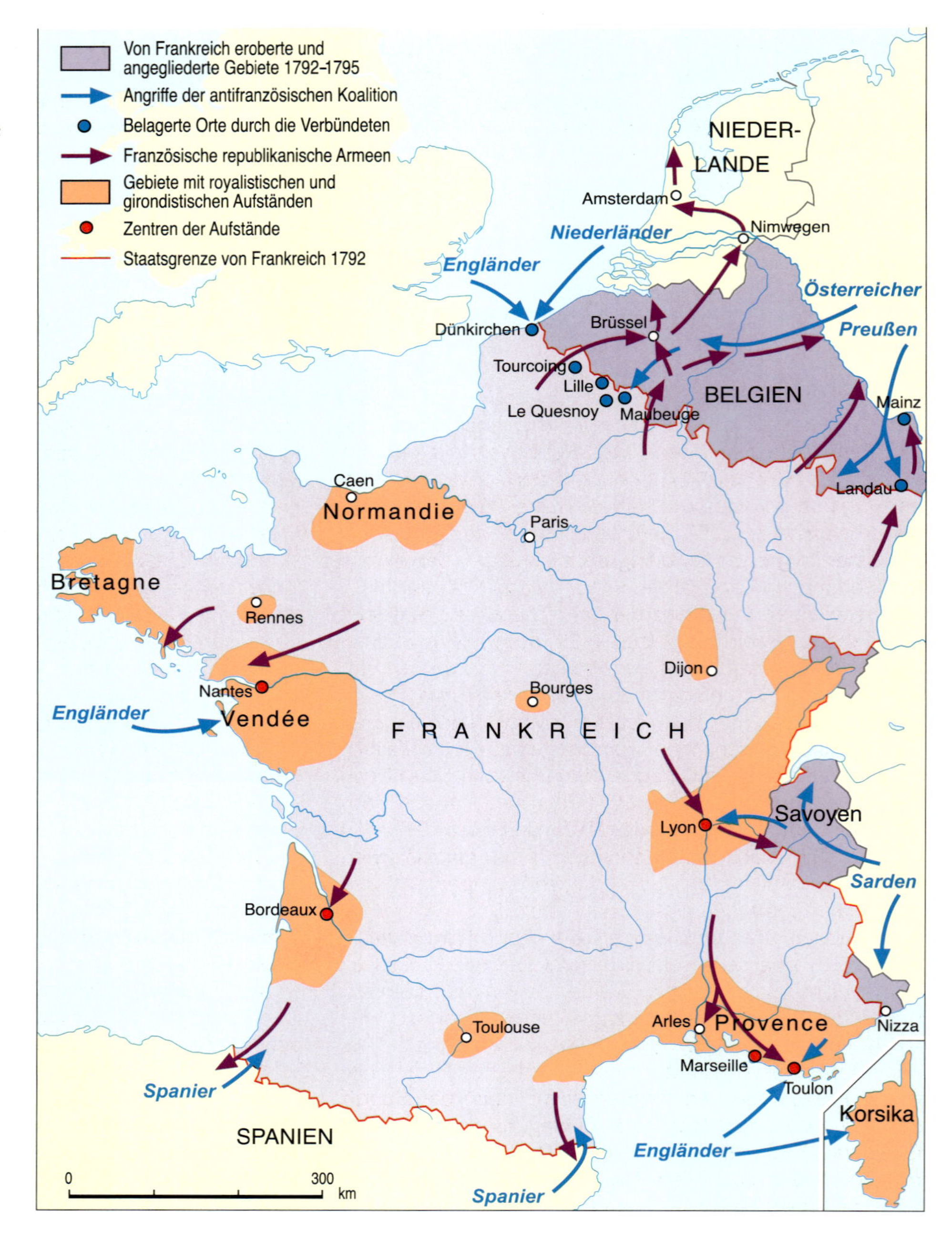

14 Krieg und Bürgerkrieg im Sommer 1793
Über die markierten Zonen militärischer Konflikte hinaus rebellierten 2/3 der Départements im Westen und Süden gegen die jakobinische Herrschaft.

in Frage, stattdessen wurden der freie Handel und seine Auswüchse in Richtung Spekulation bekämpft, indem man der Forderung nach einer Festlegung von Höchstpreisen (Maximum) für Lebensmittel nachkam und die Warenhortung unter Todesstrafe stellte. Radikalere Forderungen nach einer Aufteilung des Grund und Bodens, das sog. „Ackergesetz", lehnten die Jakobiner ab. Doch hob der Konvent die Beschlüsse zur Ablösung von den Feudallasten zugunsten einer entschädigungslosen Abschaffung auf. Damit wurde eine alte Forderung der Bauern erfüllt, die jedoch zu spät kam und durch die neuen Konflikte überschattet wurde. Die Mittel- und Kleinbauern waren beim Verkauf der Nationalgüter weitgehend leer ausgegangen, das Maximum bevorteilte die städtischen Volksmassen, die neue Wehrpflicht traf die ländliche Bevölkerung härter als die städtische.
So verbanden sich Bauernproteste mit konterrevolutionären royalistischen Aufständen, wie in der Vendée südlich von Nantes, und „föderalistischen" Widerständen der Provinz gegen die jakobinische Diktatur in Paris zu einem allgemeinen Bürgerkrieg, der auch innerhalb Frankreichs mehrere Fronten hatte. Der Konvent schickte Abgeordnete als „représentants en mission" mit diktatorischen Vollmachten und militärischer Unterstützung in die Krisengebiete, um dort die jakobinisch gesinnten Kreise zu sammeln und die Widerstände zu brechen. Als Erklärung für den breiten antijakobinischen Widerstand stellte man Theorien über die mangelnde Bildung und Einsichtsfähigkeit der Bevölkerung in West- und Südfrankreich auf, die dadurch politisch unmündig sei und vom revolutionären Paris geführt werden müsse, wie es seit Beginn der Revolution auch schon der Fall gewesen sei. Angesichts des Bürgerkrieges wurde die neu ausgearbeitete Verfassung – die demokratischste von allen – „suspendiert bis zum Frieden", sie trat jedoch nie in Kraft. Stattdessen wurde die Schreckensherrschaft (la terreur) auf die Tagesordnung gesetzt.
Doch aus der Sicht der Kritiker Robespierres in den eigenen Reihen hatte sich längst die Verteidigung der Freiheit in deren Unterdrückung verwandelt. Als exem-

plarisch für die Frage danach, wie weit Revolutionen gehen dürfen, ist die ultimative Auseinandersetzung zwischen den ehemaligen Kampfgenossen Danton und Robespierre in die Geschichte eingegangen und vielfach literarisch und dramatisch verarbeitet worden. Danton erkannte die fatale Fehlentwicklung der Revolution und wollte sie als Führer der „Nachsichtigen" (Indulgents) bremsen. Der Sieg Robespierres in diesem Zweikampf, die Verurteilung und Hinrichtung Dantons durch einen Schauprozess markierte den Höhe- und Wendepunkt der Robespierre`schen Diktatur zugleich.

1.10 Das Ende des Schreckens und die Rückkehr zur bürgerlichen Republik

Die Schreckensherrschaft war immer mehr zur Diktatur Robespierres und einer kleinen Gruppe geworden. Die Abschreckung der Gegner wurde zum Schrecken der Jakobiner selbst. Keiner war mehr vor Verdächtigungen sicher. (▶ M46) Schließlich ließ die Mehrheit des Konvents, die hinter ihm gestanden hatte, Robespierre fallen. Am 9. Thermidor (27. Juli 1794) beschloss der Konvent die Verhaftung Robespierres und seines engsten Kreises, am Tag darauf wurden sie guillotiniert. Racheaktionen gegen die Jakobiner im ganzen Land folgten, sie standen der Terreur nur wenig nach und werden daher auch als terreur blanche bezeichnet. Die Bilanz der Schreckensherrschaft des Wohlfahrtsausschusses betrug 2639 Todesurteile in Paris; in den Aufstandsgebieten der Provinz wurden noch einmal ca. 17000 Hinrichtungen vollzogen, viele Gegner ohne Verfahren exekutiert, doch ist hier zwischen zivilen juristischen und militärischen Handlungen kaum zu unterscheiden. Mit einer geschätzten Summe von 40000 Toten bleibt die Opferzahl der Terreur hinter den menschlichen Verlusten der Revolutionskriege weit zurück. Dennoch hat sich der jakobinische Schrecken in der europäischen Geschichte dauerhaft als Schreckensbild eingeprägt, weil die Revolution gerade die Tyrannei überwinden wollte.

In mehreren Schritten wurden die Institutionen reformiert, 1795 eine neue Verfassung verabschiedet, die den Machtmissbrauch und den Einfluss der Volksmassen auf die Politik verringern sollte, zumal es bis dahin zu weiteren Aufstandsversuchen der Sansculotten kam. Eine neue Opposition von links formierte sich, erste kommunistische Forderungen entstanden sowie auch der Begriff des Kommunimus selbst in der Bewegung der „Gleichen" (Les égaux) von Gracchus Babeuf. Doch die Liberalisierung eröffnete auch den Royalisten neue Chancen. In Westfrankreich lebte die Chouannerie, ein Guerillakrieg der Bauern, wieder auf. Im Zusammenhang mit der Neuwahl der Volksvertretung im Oktober 1795 musste ein royalistischer Aufstand in Paris niedergeschlagen werden. Dabei tat sich ein aufstrebender junger Offizier aus Korsika hervor: Napoléon Bonaparte.

Mit der Verfassung vom 5. Messidor III (23. Juni 1795) wurde die bürgerliche Republik wieder errichtet, die Idee der freien Entfaltung des Einzelnen in den Vordergrund gestellt: „Wir müssen von den Besten regiert werden", meinte der führende Abgeordnete Boissy d'Anglas, und diese seien im gebildeten und besitzenden Bürgertum zu finden. Dieser Logik entsprach eine Rückkehr zum Zensuswahlrecht, das jedoch gegenüber dem von 1791 gemäßigter ausfiel: Aktivbürger war jeder männliche erwachsene Steuerzahler. Das Parlament wurde in zwei Kammern geteilt, einen Rat der 500, der Gesetzesvorschlagsrecht besaß, und einen Rat der Alten, der über die Gesetze abstimmte. Jährlich wurde ein Drittel des Rats der 500 erneuert. Die Exekutive hatte nun ein Direktorium inne, das zum ersten Mal eine Regierung im modernen Sinne darstellte. Diese Verfassung wurde nach allgemeinem Wahlrecht einer Volksabstimmung unterworfen.

Das Finanzproblem blieb jedoch bestehen: Im März 1796 wurden die Assignaten 30:1 gegen neues Papiergeld eingetauscht, das innerhalb von nur zwei Monaten seinerseits verfiel. Die Rückkehr zum Münzgeld wurde 1797 durch die Beute aus dem Krieg möglich. „Der Krieg ernährte das Regime", resümiert der Historiker Albert Soboul. Doch zuvor hatte der von Grund auf gestörte Wirtschaftskreislauf eine neue Versorgungskrise herbeigeführt.

So wie General Bonaparte im Krieg gegen die Österreicher in Italien einen Sieg nach dem anderen davontrug, so verschärfte sich auch der allgemeine Unmut über das Direktorium in Paris, bei den Soldaten an der Front und bei den Zivilisten zu Hause. In den Teilwahlen von 1797 gewannen Konservative und Monarchisten Stimmen, so dass es zum Machtkampf bei der Besetzung der politischen Ämter kam. Jetzt schlug die Stunde der Armee.

1

15 Eine Kritik der Grundherrschaft (1776) von Pierre-François Boncerf, Jurist und Ökonom, Beamter im Ministerium von Turgot, als 1776 sein Buch anonym erschien und sofort vom Pariser Parlament verboten und verbrannt wurde

Die Verkündung der Heumahd, der Ernte, der Weinlese, zur Unzeit festgelegt, haben euch um die Ernte gebracht; der Back- und Mühlenzwang haben zu Ausuferungen geführt, zum Verlust eurer Lebensmittel und wertvoller Zeit. 5 Der Kelterzwang in diesem Jahr überreichlicher Ernte und Hitze hat eure Weinlesen verderben lassen, weil die Kelter nicht für die ganze Ernte gereicht haben und die Hitze die Gärung beschleunigt hat, so dass ein Teil eurer Ernte sauer geworden ist. Einer von euch kauft ein Stück Land, er 10 glaubt frei zu sein durch die Zahlung der an den Grundherrn fallenden Gebühren; es stellt sich heraus, dass die Gebühren der vorherigen Besitzerwechsel nicht entrichtet wurden, genauso wenig wie der Zins, er wird also dazu verurteilt, alle diese Rechte zu bezahlen, die mit den 15 Kosten den Wert des Grundstücks übersteigen; alles, was ihm bleibt, ist eine zwecklose Klage gegen die Zahlungsunfähigen; die Wildkaninchen verschlingen eure Aussaat und Pflanzungen, die Frondienste nehmen euch die nötige Zeit für eure Arbeiten; eure Ernten sind verdorben, weil ihr 20 mehrere Tage brauchtet, die der Herren zu machen, usw., usw.

Ihr fragt, woher so barbarische Gesetze und Rechte kommen, warum jeder Eigentümer eines Stück Landes, so beschränkt es auch sei, nicht das ganze Eigentum daran hat, 25 und es nicht möglich ist, die Besitzrechte zu vereinfachen, so dass ein einziges Grundstück nicht mehr eine Vielzahl von Besitzern hat, die einer nach dem anderen offenbar, dem, der es kultiviert, Kummer bereiten? [...] Können dieselben Gesetze uns nicht helfen, unsere Herren dazu zu 30 bringen, auf dem Wege der Teilung oder Versteigerung einen Teil unseres Grund und Bodens zu übernehmen als Ersatz für ihre grundherrlichen Rechte mit allem, was dazu gehört? Könnten wir sie nicht zwingen, eine Entschädigung dafür zu erhalten [...], so dass, was uns bliebe und 40 wir befreit hätten, ganz und gar frei und bar aller feudalen Lasten in unserem Besitz wäre?

Les Inconvéniens des Droits féodaux ou Réponse d'un Avocat au Parlement de Paris, à plusieurs Vassaux des Seigneuries de ... de ... etc., Ouvrage brûlé en 1776 [...], Trente-treizième Edition [...], [1791], S. 2–8. Aus: Archives parlementaires de 1787 à 1860. Sous la dir. de MM. Jules Mavidal et Emile Laurent, Paris 1879. – Digitalisierte Faksimilé-Ausgabe der Bibliothèque Nationale de France auf www.gallica.fr. Übersetzt von W. Geiger.

16 Grundbesitz im Ancien Régime

a) Verteilung des Grundbesitzes 1789, Mittelwert für ganz Frankreich (Extrapolation)

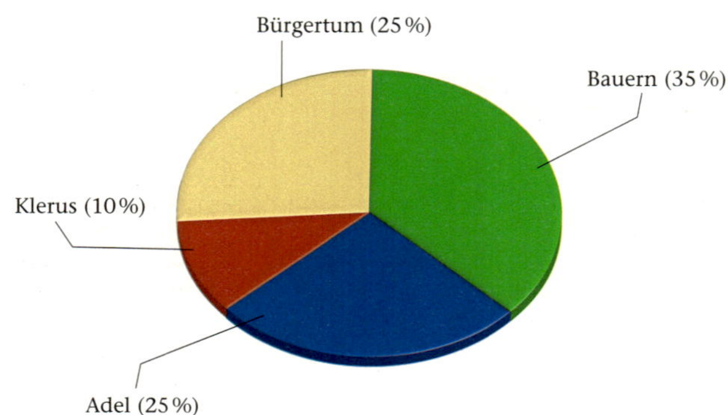

Zusammengestellt nach: van den Heuvel, a. a. O., S. 43.

b) Verteilung des Grundbesitzes innerhalb der bäuerlichen Bevölkerung 1789, Durchschnitt für ganz Frankreich (Extrapolation ausgehend von einigen Regionen)

Größe des Besitzes	1 ha	1–5 ha	>5 ha
Anteil der Bevölkerung	55,30 %	32,10 %	12,60 %

c) Sozialstruktur auf dem Land nördlich von Paris

	1685		1789	
Großpächter	243	10,20 %	252	8,37 %
Kleinpächter	236	9,90 %	91	3,02 %
Landarbeiter	701	29,50 %	1021	33,92 %
Hausbedienstete	146	6,10 %	337	11,20 %
Handwerker	269	11,30 %	479	15,91 %
Händler	166	7 %	132	4,39 %
Andere	141	5,90 %	298	9,90 %
Witwen	474	20 %	400	13,29 %
Summen	**2376**		**3010**	**100 %**

Anm.: Unter Kleinpächtern sind die unabhängigen Mittelbauern zu verstehen.

Nach: van den Heuvel, a. a. O., S. 40, 43.

17 Unzufriedenheit und Konflikte mit der Revolution bis 1793. Ergänzen Sie weitere mögliche Konflikte.

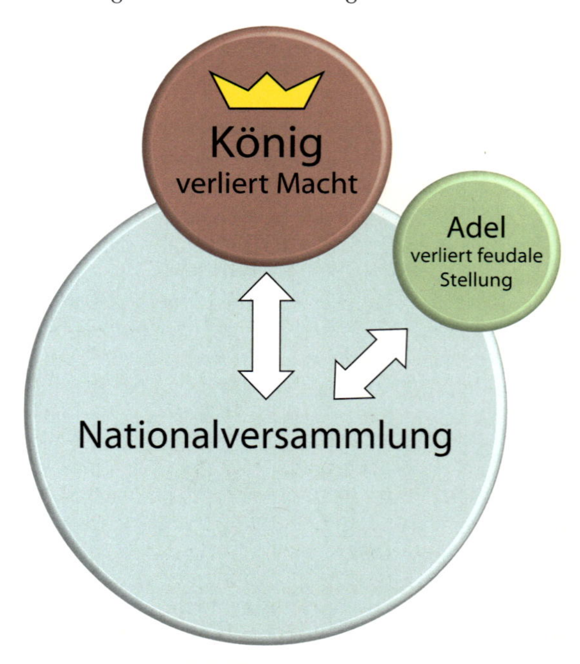

18 Krieg den Privilegierten und Krieg den Privilegien

Brief Mirabeaus an Levrault in Straßburg, 16. August 1788:

Kein Zweifel mehr, die Generalstände werden zusammentreten. Ich frage Sie: Wer würde sonst am 1. Mai 1789 bezahlen? [...]

Die ersten Generalstände werden stürmisch sein, werden vielleicht zu weit gehen; die zweiten werden ihren 5 Fortbestand sichern; die dritten werden die Verfassung vollenden. Weisen wir das Bedürfnis nicht von uns, eine vollständige zu schaffen; wenn heute alles Recht ist, wird morgen alles gesetzlich sein. Hüten wir uns vor allem vor der Gelehrsamkeit, verschmähen wir, was geschehen ist, suchen wir, was geschehen soll, und unternehmen wir nicht zu viel! Die Zustimmung der Nation zu Steuern und Anleihen, die bürgerliche Freiheit, die periodischen Reichsversammlungen: Das sind die drei Hauptpunkte, die auf einer bestimmten Erklärung der Rechte der Nation beruhen müssen; das Übrige wird später kommen. Was meine privaten Anschauungen angeht, so will ich sie Ihnen – für Sie persönlich – rundheraus sagen. Krieg den Privilegierten und den Privilegien, da haben sie meine Losung. Die Privilegien sind nützlich gegen die Könige; aber sie sind verabscheuenswert gegen die Nationen, und niemals wird unsere Nation ein echtes Staatsbewusstsein haben, solange sie nicht von ihnen befreit ist; da haben Sie den Grund, warum wir bleiben müssen, was ich persönlich in hohem Grade bin: monarchisch. [...] Es hieße unser Zeitalter barbarisch zurückschrauben, wenn man zu gewalttätigen Revolutionen seine Zuflucht nähme; der Unterricht genügt dank der Buchdruckerkunst, um all die Revolutionen durchzuführen, die die Menschheit sich schuldig ist; und bei diesem Verfahren allein werden die Nationen nichts von ihren Errungenschaften verlieren.

Zit. nach: Walter Markov, Revolution im Zeugenstand. Frankreich 1789–1799, Bd. 2: Gesprochenes und Geschriebenes, Frankfurt a. M. 1987, S. 18 f.

19 Warnruf an die Pariser

Anonyme Flugschrift, Sommer 1788:

Leichtfertige Pariser! Ihr lauft in die Theater, in die Kaffeehäuser und zu allerlei Belustigungen, während die Monarchie in Gefahr ist und eure Feinde darauf aus sind, eure Ketten noch schwerer zu machen und euch zu Sklaven herabzudrücken. Ihr verharrt in törichter Untätigkeit, während ihr doch daran denken solltet, euch zu verteidigen! Vergeblich vertreten in Liebe zum Vaterland entbrannte Schriftsteller eure wankende Freiheit:
Ihr aber helft ihnen nicht bei ihren großmütigen Bemühungen und verbleibt unbeteiligt und gleichgültig. Schaut auf die Bretagne, die Guyenne, das Languedoc und das Dauphiné: Dort sammelt sich das Volk, fasst Beschlüsse, um das Joch abzuschütteln, das man ihm auferlegen möchte, und um seine Rechte zu schützen; und ihr, die ihr den Provinzen ein Beispiel geben solltet, redet kaum über die Revolution, die im Kommen ist; ihr macht euch noch ein Vergnügen daraus, und eure Tage vergehen in einem lässigen und verweichlichten Leben. Ihr Memmen! Streift diese schändliche Teilnahmslosigkeit ab, die ans Verbrechen grenzt, erhebt euch gegen den Klerus, den Adel und den Richterstand, die miteinander eng verbündet sind, und duldet nicht, dass an die 600 000 Menschen für 24 Millionen die Gesetze machen! Seid ihr einverstanden, dass der Klerus Straf- und Abgabenfreiheit, der Adel Privilegien, der Richterstand Prärogativen für sich beansprucht, als wäre es keine Schande, von Abgabenfreiheit, Immunität und Privilegien zu sprechen, wenn sich der Staat in Nöten und der größere Teil der Nation im Elend befindet? Schart euch um den König, bildet einen Schutzwall, unterstützt seine Autorität und die Unabhängigkeit seiner Krone! [...]

Appel aux Parisiens et Appel de toutes convocations d'Etats généraux où les Députés du troisième Ordre ne seraient pas supérieurs aux deux autres. Bibl. Nat., Lb 39 830. Nach: Markov, Revolution im Zeugenstand, Frankfurt a. Main 1987, S. 19 f.

20 Beschwerdeheft der Gemeinde Gerlfangen (Saar), März 1789:

Klagen der Gemeinde Gerlfangen, zugehörig zu Bouzonville. Die Vorladung, die uns vom Amtsdiener namens François Veber überbracht wurde, auf Befehl ihrer Majestät, am Mittwoch, dem 11. März des Jahres 1789, um 8 Uhr morgens in Bouzonville zu erscheinen, um unsere Klagen, die wir zu erheben haben, vorzubringen; nämlich
1. Unsere Gemeinde muss sich über nichts mehr beklagen und ihrer Majestät vortragen, als dass wir so sehr von der Verpachtung der Salzsteuer[1] belastet werden, dass die Hälfte unserer Einwohner weder Suppe noch eine Gemüsesuppe in der Woche essen kann wegen des hohen Salzpreises.
2. Unsere Gemeinde ist mehr, als man es beschreiben kann, belastet wegen des Mühlenbanns. Wenn selbst ein armer Mensch noch ein Bichet [= ca. 30 l] Getreide hat, um Brot zu backen, muss er noch eine gute Meile laufen, um Mehl zu bekommen, und gerade unsere Bannmühle ist nicht in der Lage, uns Mehl bei Trockenheit zu liefern, und wir haben wegen der Mühle viel Vieh verloren, und es ist keine Mühle Ihrer Majestät.
3. Unsere Gemeinde muss noch den dritten Pfennig von dem zahlen, was ein armer Einwohner kauft.[2]
4. Wenn ein Mensch stirbt, erhebt der Kapiteldekan von Trier die Sterbegelder[3].
Unsere Gemeinde ist mit Frondiensten belastet, insbesondere: Jeder Bauer ist verpflichtet, drei Tage mit seinem Gespann für den Kapiteldekan zu pflügen und ebenso für Herrn Galheau von Fremersdorf und jeder Arbeiter drei Tage zu Handarbeiten, und wir wissen nicht warum, und darüber hinaus müssen wir so viel Fass Getreide als Pacht für unser Land liefern, so viel Tage während der Ernte Handdienste leisten, und alles für den Kapiteldekan von Trier. Deshalb bitten wir, wenn wir die genannten Frondienste leisten müssen, sie eher Ihrer Majestät als ausländischen Herren zu leisten.
[...][Weitere Beschwerden über Trier]
Wir bitten Ihre Majestät, uns beizustehen und uns Ihr großes Erbarmen wegen der Forstgerichtsbarkeit zu gewähren; denn wir werden von den grundherrlichen Förstern geplagt, und am stärksten von den Waldhütern Ihrer Majestät! Deshalb bitten wir um Gnade, und wenn Ihre Majestät sie uns gewähren will, bitten wir, die Freiheit zu erhalten, unsere Waldhüter selbst einzusetzen, und dass die Waldhüter für unsere Wälder zuständig sind, und wir werden sie selbst bezahlen.
Da wir immer noch von der Steuerpacht belastet werden, wie Ihre Majestät weiß, ruiniert uns das Salz, denn unser Lagersalz ist kein gutes Salz, aber die Ausländer verbrauchen gutes Salz, und die Pacht bringt uns und Lothringen zum Verderben. Wir bitten Ihre Majestät um Erbarmen.
Geschrieben zu Gerlfangen, am 9. März 1789, und wir unterschrieben, nachdem wir die Abgeordneten gewählt haben [...]"

J. Schmitt (Hg.), Französische Revolution an der Saar, Saarbrücken 1989, S. 23 f.

[1] Wie andere indirekten Steuern auch wurde die Salzsteuer (gabelle) an Steuerpächter (fermiers généraux) verpachtet, d. h. diese Financiers streckten dem König die Einnahmen vor und zogen diese dann selbst ein, wobei eine beträchtliche Differenz zwischen beiden Summen ihren Gewinn ausmachte.

[2] Bei Verkauf musste ein Drittel des Kaufpreises zusätzlich dem Grundherrn entrichtet werden.

[3] Abgabe, die beim Tod eines unter der Grundherrschaft stehenden Hörigen fällig wurde.

1

21 Cahier des Dritten Standes des Bezirks von Metz

Der Gerichtsbezirk von Metz umfasste weite Teile Lothringens; für die Organisation der Beschwerdehefte und die anschließende Wahl zu den Generalständen wurden angrenzende, damals zu Frankreich und heute zum Saarland gehörende Territorien, darunter die Stadt Saarlouis, hinzugefasst. Vertreter des Dritten Standes von Saarlouis war der Adlige und königliche Gerichtsbeamte Adolphe de Lassalle (andere Schreibweise: La Salle), dem der kleine Gerichtsbezirk von Saarlouis unterstand.

Beginn des Beschwerdeheftes, Faksimile nach der Druckfassung in den Archives parlementaires, t. III, p. 765:

CAHIER

Des plaintes, doléances et remontrances du tiersétat du bailliage de Mets, présidé par M. le lieutenant général audit siège, remis à MM. Emmery et Mathieu de Roudeville, avocats au parlement; La Salle, lieutenant genéral du bailliage de Sarrelouis, et Claude Alongongs, avocat, nommés, le 15 avril 1789, députés du tiers des bailliages de Mets, Thionville, Sarrelouis et Longwy, et des prévótés royales et bailliages de Phalsboury et de Sarreboury (1),

Commencé le 13 mars 1789, et clos le 20 dudit mois.

Art. 1er. Auront charge et pouvoir, les députés, de proposer et requérir que les délibérations soient prises aux Etats généraux par les députés des trois ordres réunis, et que les suffrages soient comptés par tête.

Art. 2. De demander un règlement sur les lettres de cachet. qui assure la liberté individuelle,

(1) Nous reproduisons ce cahier d'après un imprimé de la *Bibliothéque du Sénat.*

bailliage – Gerichts- und Verwaltungsbezirk
lieutenant général – oberster Beamter eines bailliage
prévôté – untergeordneter Gerichtsbezirk
lettres de cachet – königliche Anordnungen für die Festnahme von Personen (Inbegriff der monarchischen Willkür und fehlenden Menschenrechte)

Fortsetzung des Beschwerdeheftes:

Art. 3. Dass unabhängig von der Freiheit der Personen alle Arten von Eigentum durch die Verfassung garantiert werden, so dass sie unverletzlich seien, […].

Art. 4. Dass auf die feierlichste Weise anerkannt werde durch einen authentischen, ständigen und dauerhaften Akt, dass einzig die Nation das Steuerrecht besitzt […].

Art. 5. Dass der König untertänigst gebeten werde für gut zu befinden, dass den Münzen durch Einschmelzen oder auf andere Weise keine Änderung im Titel, Wert oder Metallgehalt der Gold-, Silber- oder anderen Münzen zugefügt werde ohne die Zustimmung der Generalstände.

Art. 6. Dass festgelegt werde, dass nicht nur jedes Finanzgesetz, sondern auch jedes allgemeine und dauerhafte Gesetz, welcher Art auch immer, zukünftig nur in der Versammlung der Generalstände und durch das Zusammenwirken der Autorität des Königs und der Zustimmung der Nation verabschiedet wird; dass diese Gesetze in der Präambel diese Worte tragen: Im Namen und mit Zustimmung des Volkes der drei Stände des Königreichs […].

Art. 7. *[Regelungen für die Zeiten, in denen die Generalstände nicht tagen]*

Art. 8. Dass kein Handelsvertrag mit den auswärtigen Mächten von dauerhafter Wirkung sein könne ohne das Einverständnis der Generalstände.

Art. 9. *[Über die Sitzungsperioden der Generalstände; mindestens alle drei Jahre; Rechte der Provinzialstände in der Zwischenzeit]*

Art. 10. Dass die Wiedereinrichtung oder Einrichtung oder überhaupt die Bildung der Provinzialstände gewährt werde […]; dass diese Provinzialstände nach dem Modell der Generalstände organisiert werden […]; dass die Zahl der Abgeordneten zwischen Stadt und Land nach dem Verhältnis ihrer jeweiligen Bevölkerung aufgeteilt werde […].

Art. 11. *[Prinzip der Verantwortlichkeit der Minister]*

Art. 12. *[Pressefreiheit]*

Art. 13. *[Zugang zu allen Ämtern und Würden für den Dritten Stand]*

Art. 14. *[Gegen die Zwangsverpflichtung zum Militär durch das Losverfahren]*

Art. 15. Dass über alle vorangehenden Punkte, die Verfassungsrang haben, beschlossen werde, und dies vor jeder anderen Verhandlung […].

[Im Anschluss daran sollen die Abgeordneten verlangen]:

1. Eine exakte und detaillierte Aufstellung über die Finanzlage;
2. Die Überprüfung der Höhe des Defizits und seiner wirklichen Gründe;
3. Die begründete Festlegung der Ausgaben der verschiedenen Abteilungen *[=Ministerien der Regierung];*
4. Die Konsolidierung der nationalen Schulden mit mäßigen Zinsen;
5. Die Auslöschung aller Steuern, an deren Stelle nach Zustimmung der Stände Beiträge erhoben werden, die gleichmäßig von den drei Ständen aufgebracht werden, proportional nach Höhe des mobilen oder immobilen Eigentums jedes Beitragspflichtigen […];
6. Die jährliche Veröffentlichung der Einnahmen und Ausgaben […];
7. Schließlich die öffentliche Rechenschaftslegung durch Belege bei jeder Sitzung der Stände.

Klerus

Art. 16–28: *[Umorganisation der kirchlichen Strukturen inkl. der Finanzen mit dem Ziel der Vereinheitlichung im Königreich, Abbau von Hierarchien, Verringerung der Ausgaben und Stärkung der Gemeinden]*

Art. 18. *[Rückkehr zum Gründergeist der Kirche; außerdem werden deutsch-französische Grenzprobleme angesprochen, da Teile des Bezirks von Metz dem Erzbistum von Trier unterstehen. Gerichtsverfahren in diesen Gebieten sollen vor Ort in französischer Sprache abgehalten werden. In den kirchlicher Grundherrschaft unterstehenden Gebieten sollen Relikte der Leibeigenschaft sowie bestimmte andere grundherrliche Vorrechte abgeschafft werden.]*

Adel

Art. 29. *[Adelstitel sollen nur an Personen vergeben werden, die sich für das Vaterland verdient gemacht haben.]*

Art. 30. *[Grundherren, die bestimmten Auflagen für ihre Rechtsprechung nicht nachkommen, soll die Gerichtsbarkeit entzogen werden.]*

Art. 31. *[Wiederherstellung des Privilegs der Befreiung von den Abgaben an den König aus dem Status des franc-fief* der Stadt und des Umlandes.] – (*=königsunmittelbares Lehen)]*

Art. 32. *[Über die Haltung von Tauben; sie sollen zur Zeit der Aussaat und der Ernte eingeschlossen werden. Auch Missbräuche des Jagdrechts sollen eingedämmt werden.]*

Art. 33. Dass alle Pflichten in Sach- oder Personenleistungen, Mühlen-, Back-, Kelterzwänge, Zinsen und Abgaben in Naturalien oder in Münzen, sowohl grundherrliche als auch andere, Verkaufssteuern und jedwede Dienstleistungen von denjenigen abgekauft werden können, die ihnen unterworfen sind, und zwar durch eine Zahlung zu einem Satz, der von den Generalständen festgelegt wird.
Art. 34. *[Bei der Aufteilung des Gemeindelandes soll fürderhin nicht mehr ein Drittel an die Grundherren gehen.]*

Justiz
Art. 35–49. *[Hier folgen eine Fülle von detaillierten Forderungen zur Reform der Justiz mit dem Ziel einer Vereinfachung und Vereinheitlichung in Frankreich sowie der Gleichheit aller Personen vor dem Gesetz.]*

Finanzen
Art. 53. Dass man die vollständige Abschaffung der Salzsteuer verkünde, worauf die Stadt Metz und das Metzer Land ein besonderes Recht haben angesichts dessen, dass sie sich aller Freiheit an diesem Gut erfreuten vor, während und nach ihrer freiwilligen Unterwerfung unter die Krone.
Art. 54–56. *[Detailforderungen im Anschluss an Art. 53 u. a.]*
Art. 57. Dass insbesondere beschlossen werde, dass der in Naturalabgaben umgewandelte [königliche] Frondienst von allen drei Ständen getragen werde.
Art. 58–60. *[Detailforderungen zur Reform der Steuern]*

Handel
Art. 61. *[Aufrechterhaltung der Zollrechte der Provinz]*
Art. 62-63. *[Aufhebung der Hemmnisse für den Handel mit dem Ausland]*
Art. 64. Dass alle Arten von Gewichten, Maßen und Eichungen im ganzen Königreich gleich seien.
Art. 65–67 *[Detailforderungen verschiedenster Art]*

Landwirtschaft
Art. 68–69. Dass das Edikt zur Einhegung aufgehoben werde.
[Es handelt sich um die Einhegung und damit Abschaffung der Allmende, des gemeinschaftlich frei genutzten Landes.]
Art. 69. Dass das genutzte Gemeindeland ebenso wie das urbar gemachte oder urbar zu machende Land […] für immer von der Zahlung des Zehnten (dîme) freigestellt werde.
Art. 70. Dass in den Hauptorten unter Aufsicht der Provinzialstände Getreidespeicher für die Überschüsse eingerichtet werden, in denen so viel Korn gelagert werden kann, wie für mindestens ein Jahr Ernährung der Einwohner notwendig ist, und dass der Export von Getreide und Mehl ins Ausland erst dann genehmigt werde, wenn die Überschussvorräte aufgefüllt sind und nur mit Zustimmung der Provinzialstände.
Art. 71–75. *[Detailforderungen zur Verbesserung der Landwirtschaft]*

Handwerk und Berufe
Art. 76–78. *[Forderungen nach mehr Freiheiten in der Ausübung der Berufe]*

Hilfe und Unterstützung für die Armen
Art. 79. Dass öffentliche Werkstätten eingerichtet werden, wo alle Arbeitsfähigen Arbeit finden können gegen einen dem allgemeinen Preis der Grundnahrungsmittel angemessenen Lohn.
Dass, was die Armen betrifft, die noch nicht oder nicht mehr im Stande sind zu arbeiten, ihnen auf Kosten des Staates die notwendigen Hilfen für ihren Unterhalt gegeben werden. […]
Art. 80–81. *[Staatliche Hilfen für Brandschutz und bei Brandschäden; ärztliche Versorgung]*

Besondere Forderungen
Art. 82–85. *[Div. örtliche Probleme; Einrichtung einer öffentlichen Schule (Art. 83); Wunsch, „die Juden nützlich zu machen" (Art. 84); Anweisung an die Abgeordneten, die Wünsche des Dritten Standes und dessen Würde zu vertreten sowie auf die Reform des Staates hinzuwirken]*

Archives parlementaires, t. III, p. 765 f.; www.gallica.fr, a. a. O.; übersetzt von W. Geiger

22 Aus dem Beschluss der Ständeversammlung der Stadt Metz und des Metzer Landes vom 19. November 1788

Der Text beginnt zunächst mit einer historischen Herleitung der gleichen Rechte und Pflichten der drei Stände aus der Frühzeit der fränkischen Monarchie sowie aus der Geschichte der Stadt Metz. […]

Der Dritte Stand verhält sich der Bevölkerungszahl nach zum Adel und zum Klerus wie 99 zu 1. Mit diesen beiden Ständen teilt er, jedoch in einem niedrigeren und mühseligeren Rang, alle Funktionen, die sie ausüben. Er ist es, der die Armeen aufstellt, er ist es, der in den Städten und auf dem Land, beauftragt die Wahrheit der Religion zu verkünden, als Zeuge und Tröster des Unglücks des Volkes, oft mit ihm zusammen die schwere Last trägt.
Außer diesen Funktionen, denen er zusammen mit dem Adel und dem hohen Klerus nachkommt, übt er noch die erste und nützlichste aller Künste aus; durch seine Arbeit macht er die Erde fruchtbar, er lässt Manufakturen und Handel aufblühen, er liefert die Anwälte, die Richter in den Gerichten; in einem Wort, alle Klassen von Bürgern, alle Arten von Kultur und Industrie, er belebt alles, er ist die universelle Seele der Gesellschaft.
Da der Dritte Stand, wie gesehen, 99 Prozent der Nation stellt und fast die Gesamtheit der Lasten und Abgaben trägt, ist es dann nicht gerecht, dass er gleichermaßen darauf Einfluss nimmt, wie sie erhoben werden? Und kann das Mittel, diesen gleichen Einfluss auszuüben, ein anderes sein, als in den nationalen Versammlungen dieselbe Zahl von Abgeordneten zu haben als der Klerus und der Adel zusammen? Wen wird man für die Festsetzung der Steuern befragen, wenn nicht diejenigen, die hauptsächlich deren Gewicht zu spüren bekommen? […]
Der Vorschlag, dass der Dritte Stand eine gleiche Zahl von Abgeordneten entsendet wie die beiden anderen Stände zusammen, dürfte umso weniger Schwierigkeiten bereiten, als dieses Verhältnis bereits von den Provinzialversammlungen des Berry und der Guyenne angenommen wurde. Sie hat die Zustimmung der Notabeln für die Zusammensetzung der Provinzialversammlungen im Rest Frankreichs erhalten. Könnten diese respektablen Bürger, in die der Fürst und das Volk ein so gerechtfertigtes Vertrauen gesetzt haben, heute anders entscheiden, wenn es um die Generalstände geht?
Dieses Verhältnis wurde bei der jüngsten Zusammensetzung der Stände des Dauphiné für gerecht befunden und die Regierung hat ihr gerade ihre Zustimmung gegeben. Schließlich fordern die drei Stände durch ihre Bitte nur die Rechte, die ihnen ihre Verfassung gibt. […]

Archives parlementaires, t. III, p. 794, www.gallica.fr , a. a. O. Übersetzt von W. Geiger.

1

23 Abbé Sieyes; Was ist der Dritte Stand?, Januar 1789

QU'EST-CE QUE

LE TIERS-ÉTAT?

Le plan de cet Ecrit eſt aſſez ſimple. Nous avons trois queſtions à nous faire.

1°. Qu'eſt-ce que le Tiers-Etat? Tout.

2°. Qu'a-t-il été juſqu'à préſent dans l'ordre politique? Rien.

3°. Que demande-t-il? A devenir quelque chose.

On va voir ſi les réponſes ſont juſtes. Nous examinerons enſuite les moyens que l'on a eſſayés, & ceux que l'on doit prendre, afin que le Tiers-Etat devienne, en effet, *quelque choſe*. Ainſi nous dirons:

4°. Ce que les Miniſtres ont *tenté*, & ce que les Privilégiés eux-mêmes *propoſent* en ſa faveur.

5°. Ce qu'on auroit *dû* faire.

6°. Enfin, ce qui *reſte* à faire au Tiers pour prendre la place qui lui eſt dûe.

A 2

Faksimile des Originals

Aus dem weiteren Inhalt:
Was ist eine Nation? Eine Gesellschaft, welche unter einem gemeinschaftlichen Gesetz lebt und durch ein und dieselbe gesetzgebende Versammlung vertreten wird. Ist es nicht eine Tatsache, dass der Adelstand Vorrechte und Privilegien genießt, welche er seine Rechte zu nennen sich erdreistet und welche von den Rechten des großen Ganzen der Bürger abgesondert sind? Er tritt dadurch aus der gemeinsamen Ordnung und dem gemeinschaftlichen Gesetz heraus. Also schon seine bürgerlichen Rechte machen aus ihm ein eigenes Volk in der Nation. […]
Der Dritte Stand umfasst alles, was zur Nation gehört. Und alles, was nicht der Dritte Stand ist, kann sich nicht als ein Bestandteil der Nation betrachten. Was ist der Dritte Stand? Alles. […]
Man kann das wahre Verlangen des Dritten Standes nur nach den authentischen Forderungen beurteilen, welche die großen Munizipalitäten[4] des Landes an die Regierung gerichtet haben. Was sieht man da? Dass das Volk Etwas, wirklich nur wenigstens Etwas sein will. Es will haben
1. wahre Stellvertreter bei den Generalständen, das heißt, Abgeordnete aus seinem Stand, welche die Ausleger seines Willens und die Verteidiger seines Interesses sein können. […]
2. ebenso viele Stellvertreter wie die beiden anderen Stände zusammen. Da aber diese Gleichheit der Stellvertretung ganz trügerisch sein würde, wenn jeder Stand eine gesonderte Stimme hätte, so verlangt der Dritte Stand,
3. dass die Stimmen nach den Köpfen und nicht nach den Ständen gezählt werden sollen.
[…] Die bescheidene Absicht des Dritten Standes ist, bei den Generalständen einen gleichen Einfluss wie die Privilegierten zu haben. […]
Ich wiederhole es: Kann man weniger verlangen? Und ist es nicht klar, dass, wenn sein Einfluss nicht gleich ist, er nicht hoffen kann, aus seinem politischen Nichts herauszukommen, um Etwas zu werden? […]
Eine politische Gesellschaft kann nichts anderes sein als die Gesamtheit ihrer Mitglieder. Eine Nation kann nicht entscheiden, dass sie nicht die Nation sein will oder dass sie es nur auf eine Art sein will; denn dies würde heißen, dass sie es auf keine andere Art sein kann. Ebenso kann eine Nation nicht festsetzen, dass ihr gemeinschaftlicher Wille aufhören wird, ihr gemeinschaftlicher Wille zu sein. Es ist gewiss traurig, diese Sätze vorbringen zu müssen, deren Einfachheit einfältig erscheint, wenn man nicht an die Folgerungen dächte, welche man daraus ziehen kann. Eine Nation kann also niemals festsetzen, dass die dem gemeinschaftlichen Willen, d.h. der Mehrheit gehörenden Rechte an die Minorität übergehen können. Der gemeinschaftliche Wille kann sich selbst nicht zerstören. Er kann die Natur der Dinge nicht ändern und bewirken, dass die Meinung der Minderheit die Meinung der Mehrheit sei. Man sieht wohl, dass eine solche Verordnung, statt eine gesetzliche und moralische Handlung zu sein, ein Akt der Narrheit sein würde. […]
[Das Dargelegte] dürfte hinreichend beweisen, dass der Dritte Stand verpflichtet ist, für sich allein eine Nationalversammlung zu bilden und vor der Vernunft und dem Recht den Anspruch zu bekräftigen, den dieser Stand erheben könnte, nämlich: für die ganze Nation ohne Ausnahme zu beraten und abzustimmen.

Emmanuel Joseph Sieyes, Was ist der Dritte Stand? Essen 1988, S. 29, 34, 99. (Das Original Qu'est-ce que le Tiers Etat? erschien im Januar 1789.)

[4] Bezieht sich auf die Beschwerdehefte einiger Städte (= „Munizipalitäten"), in denen bereits Ende 1788 entsprechende Forderungen hinsichtlich der Zusammensetzung der Generalstände erhoben wurden.

24 Der Ballhausschwur am 20. Juni 1789

Aus dem Protokoll der Versammlung des Dritten Standes im Ballhaus von Versailles:
Herr Mounier äußert eine Ansicht, die von den Herren Target, Le Chapelier und Barnave unterstützt wird. Er legt dar, wie befremdlich es ist, dass der Saal der Generalstände durch Bewaffnete besetzt ist; dass man der Nationalversammlung keinen anderen Raum anbietet; […] dass sie schließlich gezwungen wären, sich im Ballhaus, Rue du Vieux-Versailles, zu versammeln, um ihre Arbeiten nicht zu unterbrechen; dass sich die Vertreter der Nation, verletzt in ihren Rechten und in ihrer Würde, gewarnt von der ganzen Lebhaftigkeit des Ränkespiels und der Erbitterung, mit der man den König zu unheilvollen Maßnahmen drängen will, durch einen feierlichen Schwur an das Staatswohl und die Interessen des Vaterlandes binden sollten.
Dieser Vorschlag wird durch einmütigen Beifall gebilligt. Die Versammlung beschließt wie folgt:
Die Nationalversammlung beschließt in Anbetracht, zusammengerufen worden zu sein, um die Verfassung des Königreiches festzulegen, die Wiederherstellung der öffentlichen Ordnung zu bewerkstelligen und die wahren Grundsätze der Monarchie zu behaupten; dass nichts sie

hindern kann, ihre Beratungen fortzusetzen, an welchem Ort man immer sie zu tagen zwingt, und dass schließlich überall dort, wo ihre Mitglieder versammelt sind, die Nationalversammlung ist: Alle Mitglieder dieser Versammlung leisten sogleich einen feierlichen Eid, sich niemals zu trennen und sich überall, wo die Umstände es gebieten, zu versammeln, so lange, bis die Verfassung des Königreiches ausgearbeitet ist und auf festen Grundlagen ruht; alle Mitglieder, doch jeder für sich, bestätigen nach dem Ablegen besagten Eides diese unumstößliche Entschließung durch ihre Unterschrift.
Herr Bailly: Ich fordere für die Sekretäre und für mich, den Eid als Erste zu leisten; sie tun es sofort mit folgender Formel:
„Wir schwören, uns niemals von der Nationalversammlung zu trennen und uns überall zu versammeln, wo die Umstände es gebieten, so lange, bis die Verfassung des Königreiches ausgearbeitet ist und auf festen Grundlagen ruht.“ Alle Mitglieder der Versammlung schwören dem Präsidenten den gleichen Eid in die Hand.

Nach der Veröffentlichung des Protokolls der Versammlung im Moniteur, I, 89f. In: W. Markov, Revolution im Zeugenstand, Bd. 2, Frankfurt a. M. 1987, Bd. 2, S. 70f.

25 Erklärung der Menschen- und Bürgerrechte vom 26. August 1789

Da die Vertreter des französischen Volkes, als Nationalversammlung eingesetzt, erwogen haben, dass die Unkenntnis, das Vergessen oder die Verachtung der Menschenrechte die einzigen Ursachen des öffentlichen Unglücks und der Verderbtheit der Regierungen sind, haben sie beschlossen, die natürlichen, unveräußerlichen und heiligen Rechte der Menschen in einer feierlichen Erklärung darzulegen, damit diese Erklärung allen Mitgliedern der Gesellschaft beständig vor Augen ist und sie unablässig an ihre Rechte und Pflichten erinnert; damit die Handlungen der gesetzgebenden wie der ausübenden Gewalt in jedem Augenblick mit dem Endzweck jeder politischen Einrichtung verglichen werden können und dadurch mehr geachtet werden; damit die Ansprüche der Bürger, fortan auf einfache und unbestreitbare Grundsätze begründet, sich immer auf die Erhaltung der Verfassung und das Allgemeinwohl richten mögen.
Infolgedessen erkennt und erklärt die Nationalversammlung in Gegenwart und unter dem Schutze des Allerhöchsten folgende Menschen- und Bürgerrechte:
Art. 1. Die Menschen sind und bleiben von Geburt frei und gleich an Rechten. Soziale Unterschiede dürfen nur im gemeinen Nutzen begründet sein.
Art. 2. Das Ziel jeder politischen Vereinigung ist die Erhaltung der natürlichen und unveräußerlichen Menschenrechte. Diese Rechte sind Freiheit, Eigentum, Sicherheit und Widerstand gegen Unterdrückung.
Art. 3. Der Ursprung jeder Souveränität ruht letztlich in der Nation. Keine Körperschaften, kein Individuum können eine Gewalt ausüben, die nicht ausdrücklich von ihr ausgeht.
Art. 4. Die Freiheit besteht darin, alles tun zu können, was einem anderen nicht schadet. So hat die Ausübung der natürlichen Rechte eines jeden Menschen nur die Grenzen, die den anderen Gliedern der Gesellschaft den Genuss der gleichen Rechte sichern. Diese Grenzen können allein durch Gesetz festgelegt werden.
Art. 5. Nur das Gesetz hat das Recht, Handlungen, die der Gesellschaft schädlich sind, zu verbieten. Alles, was nicht durch Gesetz verboten ist, kann nicht verhindert werden, und niemand kann gezwungen werden zu tun, was es nicht befiehlt.
Art. 6. Das Gesetz ist der Ausdruck des allgemeinen Willens. Alle Bürger haben das Recht, persönlich oder durch ihre Vertreter an seiner Formung mitzuwirken. Es soll für alle gleich sein, mag es beschützen, mag es bestrafen. Da alle Bürger in seinen Augen gleich sind, sind sie gleicher Weise zu allen Würden, Stellungen und Beamtungen nach ihrer Fähigkeit zugelassen ohne einen anderen Unterschied als den ihrer Tugenden und ihrer Talente.
Art. 7. Jeder Mensch kann nur in den durch das Gesetz bestimmten Fällen und in den Formen, die es vorschreibt, angeklagt, verhaftet und gefangen gehalten werden. [...]
Art. 8. Das Gesetz soll nur solche Strafen festsetzen, die offenbar unbedingt notwendig sind. Und niemand kann auf Grund eines Gesetzes bestraft werden, das nicht vor Begehung der Tat erlassen, verkündet und gesetzlich angewandt worden ist.
Art. 9. Da jeder Mensch so lange für unschuldig gehalten wird, bis er für schuldig erklärt worden ist, soll, wenn seine Verhaftung für unumgänglich erachtet wird, jede Härte, die nicht notwendig ist, um sich seiner Person zu versichern, durch Gesetz streng vermieden sein.
Art. 10. Niemand soll wegen seiner Meinungen, selbst religiöser Art, beunruhigt werden, solange ihre Äußerung nicht die durch das Gesetz festgelegte öffentliche Ordnung stört.
Art. 11. Die freie Mitteilung der Gedanken und Meinungen ist eines der kostbarsten Menschenrechte. Jeder Bürger kann also frei schreiben, reden und drucken unter Vorbehalt der Verantwortlichkeit für den Missbrauch dieser Freiheit in den durch das Gesetz bestimmten Fällen.
Art. 12–13. *[Über die bewaffnete Streitmacht: Sie untersteht der Nation und wird aus allgemeinen Steuern finanziert.]*
Art. 14. Alle Bürger haben das Recht, selbst oder durch ihre Abgeordneten die Notwendigkeit der öffentlichen Abgabe festzustellen, sie frei zu bewilligen, ihre Verwendung zu überprüfen und ihre Höhe, ihre Veranlagung, ihre Eintreibung und Dauer zu bestimmen.
Art. 15. Die Gesellschaft hat das Recht, von jedem öffentlichen Beamten Rechenschaft über seine Verwaltung zu fordern.
Art. 16. Eine Gesellschaft, in der die Verbürgung der Rechte nicht gesichert und die Gewaltenteilung nicht festgelegt ist, hat keine Verfassung.
Art. 17. Da das Eigentum ein unverletzliches und heiliges Recht ist, kann es niemandem genommen werden, wenn es nicht die gesetzlich festgelegte, öffentliche Notwendigkeit augenscheinlich erfordert und unter der Bedingung einer gerechten und vorherigen Entschädigung.

G. Franz, Staatsverfassungen, München 1950 und 1975; K. H. L. Pölitz, Die europäischen Verfassungen seit dem Jahre 1789, Leipzig 1833; 2. Band. Zit. nach: www.verfassungen.de/f/ferklärung89.htm

26 Olympe de Gouges: Die Rechte der Frau, 1791

Mann, bist du fähig, gerecht zu sein? Eine Frau stellt dir diese Frage. Dieses Recht wirst du ihr zumindest nicht nehmen können. Sag mir, wer hat dir die selbstherrliche Macht verliehen, mein Geschlecht zu unterdrücken? Deine Kraft? Deine Talente? Betrachte den Schöpfer in seiner Weisheit. Durchlaufe die Natur in all ihrer Majestät, die Natur, der du dich nähern zu wollen scheinst, und leite daraus, wenn du es wagst, ein Beispiel für diese tyrannische Herrschaft ab. [...] Suche, untersuche und unterscheide, wenn du es kannst, die Geschlechter in der Ordnung der

Natur. Überall findest du sie ohne Unterschied zusammen, überall arbeiten sie in einer harmonischen Gemeinschaft an diesem unsterblichen Meisterwerk.
Nur der Mann hat sich aus der Ausnahme ein Prinzip zu-15 rechtgeschneidert. Extravagant, blind, von den Wissenschaften aufgeblasen und degeneriert, will er diesem Jahrhundert der Aufklärung und Scharfsichtigkeit, doch in krassester Unwissenheit, despotisch über ein Geschlecht befehlen, das alle intellektuellen Fähigkeiten besitzt. Er 20 möchte von der Revolution profitieren, er verlangt sein Anrecht auf Gleichheit, um nicht noch mehr zu sagen.

Erklärung der Rechte der Frau und Bürgerin
Von der Nationalversammlung am Ende dieser oder bei 25 der nächsten Legislaturperiode zu verabschieden.

PRÄAMBEL
Wir, Mütter, Töchter, Schwestern, Vertreterinnen der Nation, verlangen, in die Nationalversammlung aufgenommen 30 zu werden. In Anbetracht dessen, dass Unwissenheit, Vergesslichkeit oder Missachtung der Rechte der Frauen die alleinigen Ursachen öffentlichen Elends und der Korruptheit der Regierungen sind, haben wir uns entschlossen, in einer feierlichen Erklärung die natürlichen, unveräußerlichen 35 und heiligen Rechte der Frau darzulegen, auf dass diese Erklärung allen Mitgliedern der bürgerlichen Gesellschaft ständig vor Augen, sie unablässig an ihre Rechte und Pflichten erinnert; auf dass die Machtausübung von Frauen ebenso wie jene von Männern jederzeit am Zweck der poli-40 tischen Einrichtungen gemessen und somit auch mehr geachtet werden kann; auf dass die Beschwerden von Bürgerinnen, nunmehr gestützt auf einfache und unangreifbare Grundsätze, sich immer zur Erhaltung der Verfassung, der guten Sitten, und zum Wohl aller auswirken mögen.
Das an Schönheit wie Mut im Ertragen der Mutterschaft 45 überlegene Geschlecht anerkennt und erklärt somit, in Gegenwart und mit dem Beistand des Allmächtigen, die folgenden Rechte der Frau und Bürgerin:
I. Die Frau ist frei geboren und bleibt dem Manne gleich in allen Rechten. Die sozialen Unterschiede können nur 50 im allgemeinen Nutzen begründet sein.
II. Ziel und Zweck jedes politischen Zusammenschlusses ist der Schutz der natürlichen und unveräußerlichen Rechte sowohl der Frau als auch des Mannes. Diese Rechte sind: Freiheit, Sicherheit, das Recht auf Eigentum und be-55 sonders das Recht auf Widerstand gegen Unterdrückung.
III. Die Legitimität jeder Herrschaft ruht wesentlich in der Nation, die nichts anderes darstellt als eine Vereinigung von Frauen und Männern. Keine Körperschaft und keine einzelne Person kann Macht ausüben, die nicht ausdrück-60 lich daraus hervorgeht.
IV. Freiheit und Gerechtigkeit bestehen darin, den anderen zurückzugeben, was ihnen gehört. So wird die Frau an der Ausübung ihrer natürlichen Rechte nur durch die fortdauernde Tyrannei, die der Mann ihr entgegensetzt, ge-65 hindert. Diese Schranken müssen durch Gesetze der Natur und Vernunft revidiert werden.
V. *[Respektierung der Gesetze der Natur und Vernunft]*
VI. Recht und Gesetz sollten Ausdruck des Gemeinwil-70 lens sein. Alle Bürgerinnen und Bürger sollen persönlich oder durch ihre Vertreter an ihrer Gestaltung mitwirken. Es muss für alle das gleiche sein. Alle Bürgerinnen und

27 **„Bilder von Denkwürdigkeiten, die sich in der Revolution ereignet haben, welche in den Jahren 89, 90, 91 nach Frankreich gekommen ist“.** Holzschnitt von J.-B. Letourni.

Bürger, die gleich sind vor den Augen des Gesetzes, müssen gleichermaßen nach ihren Fähigkeiten, ohne andere Unterschiede als die ihrer Tugenden und Talente, zu allen Würden, Ämtern und Stellungen im öffentlichen Leben zugelassen werden.
VII.–IX. Für Frauen gibt es keine Sonderrechte; sie werden verklagt, in Haft genommen und gehalten, wo immer es das Gesetz vorsieht. Frauen unterstehen wie Männer den gleichen Strafgesetzen. [...]
X. Wegen seiner Meinung, auch wenn sie grundsätzlicher Art ist, darf niemand verfolgt werden. Die Frau hat das Recht, das Schafott zu besteigen. Sie muss gleichermaßen das Recht haben, die Tribüne zu besteigen, vorausgesetzt, dass ihre Handlungen und Äußerungen die vom Gesetz gewahrte öffentliche Ordnung nicht stören.
XI. Die freie Gedanken- und Meinungsäußerung ist eines der kostbarsten Rechte der Frau, denn diese Freiheit garantiert die Vaterschaft der Väter an ihren Kindern. Jede Bürgerin kann folglich in aller Freiheit sagen: „Ich bin die Mutter eines Kindes, das du gezeugt hast", ohne dass ein barbarisches Vorurteil sie zwingt, die Wahrheit zu verschleiern. Dadurch soll ihr nicht die Verantwortung für den Missbrauch dieser Freiheit in den Fällen, die das Gesetz bestimmt, abgenommen werden.
XII. Die Garantie der Rechte der Frau und Bürgerin soll dem allgemeinen Nutzen dienen. Diese Garantie soll zum Vorteil aller, und nicht zum persönlichen Vorteil derjenigen, denen sie anvertraut ist, sein.
XIII. Für den Unterhalt der Polizei und für die Verwaltungskosten werden von der Frau wie vom Manne gleiche Beträge gefordert. Hat die Frau teil an allen Pflichten und Lasten, dann muss sie ebenso teilhaben an der Verteilung der Posten und Arbeiten in niederen und hohen Ämtern und im Gewerbe.
XIV. Die Bürgerinnen und Bürger haben das Recht, selbst oder durch ihre Repräsentanten über die jeweilige Notwendigkeit der öffentlichen Beiträge zu befinden. Die Bürgerinnen können dem Prinzip, Steuern in gleicher Höhe aus ihrem Vermögen zu zahlen, nur dann beipflichten, wenn sie an der öffentlichen Verwaltung teilhaben und die Steuern, ihre Verwendung, ihre Einbeziehung und Zeitdauer mit festsetzen.
XV. Die weibliche Bevölkerung, die gleich der männlichen Beiträge leistet, hat das Recht, von jeder öffentlichen Instanz einen Rechenschaftsbericht zu verlangen.
XVI. Eine Gesellschaft, in der die Garantie der Rechte nicht gesichert und die Trennung der Gewalten nicht festgelegt ist, hat keine Verfassung. Es besteht keine Verfassung, wenn die Mehrheit der Individuen, die das Volk darstellt, an ihrem Zustandekommen nicht mitgewirkt hat.
XVII. Das Eigentum gehört beiden Geschlechtern vereint oder einzeln. Jede Person hat darauf ein unverletzliches und heiliges Anrecht. Niemandem darf es als eigentliches Erbteil vorenthalten werden, es sei denn, eine öffentliche Notwendigkeit, die rechtmäßig ausgewiesen wurde, mache es erforderlich, natürlich unter der Voraussetzung einer gerechten und vorher festgesetzten Entschädigung.

Susanne Petersen, Marktweiber und Amazonen, Köln 1987, S. 89–94.

28 Judenemanzipation im Elsass

Straßburg, den 20. Oktober. – Am Sonntage haben die christlichen und jüdischen Einwohner zu Bischheim die Vollendung der Constitution gemeinschaftlich gefeiert. In der jüdischen Synagoge wurde die Constitutionsakte von den vier ältesten Juden des Ortes auf einem roten seidenen Kissen getragen und auf den hohen Altar gelegt, wo gewöhnlich die heil. Schrift abgelesen wird. Dann wurden in der Synagoge verschiedene Lob- und Dankpsalme gesungen, und zuletzt auch das bekannte Revolutionslied: „Ah, ca ira". Darauf zogen Juden und Christen, Arm in Arm geschlungen, nach der Gemeindestube, wo sie der katholische konstitutionelle Priester des Ortes also anredete: „Mitbürger ohne Unterschied! Heute ist der Tag der Verbrüderung, atmet Menschen- und Bruderliebe, vereinigt euch innigst miteinander durch den Bürgereid. Hier legt eure Hand auf die Constitutionsakte!" Der erste, der den Bürgereid schwor, war ein Jude von etlichen 70 Jahren; ihm folgten alle anwesenden Christen und Juden nach [...].

Leipziger Zeitungen, Nr. 213, 1791. Zit. nach: Markov, Revolution im Zeugenstand, Frankfurt a. M. 1987, Bd. 1, S. 183.

29 Jüdische Bevölkerung in Frankreich

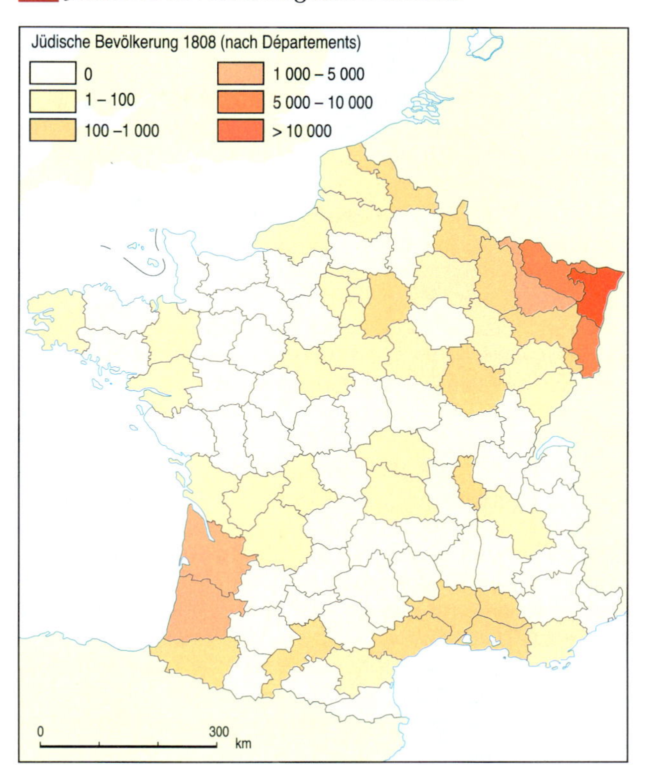

30 Barnave über die Sklavenbefreiung

Im Mai 1791 hatte die Nationalversammlung in einem Dekret den freigelassenen Ex-Sklaven und den „Farbigen" (d.h. Mischlingen) das Bürgerrecht eingeräumt. Von den weißen Siedlern war dies boykottiert worden. Am Ende ihrer Amtszeit sah sich die Konstiuante gezwungen, noch einmal die Frage der Kolonien zu behandeln. Mit dem Beschluss, die Kompetenz in dieser Frage den Versammlungen (de facto den Weißen) in den Kolonien selbst zu überlassen, revidierte sie ihren zaghaften Ansatz vom Mai.

Von dem Moment an, wo der Neger, der, ungebildet, nur durch handfeste Vorurteile geleitet wird, von Beweggründen, die seine Sinne ansprechen oder mit seinen Gewohnheiten vermengt sind [...], vom Moment an, wo er glauben wird, dass er dem Weißen gleich ist oder zumindest derjenige, der zwischen ihnen ist, dem Weißen gleich ist, von da an wird es unmöglich, die Auswirkung des Meinungswandels zu berechnen. Wir haben die Beweise davon bei

der Ankunft Ihres Dekrets gesehen. Seine erste Wirkung war in den Gemeinden La Croix und Les Bosquets *[auf Saint-Domingue, heute Haiti]*, die Neger auf den Gedanken zu bringen, dass sie frei seien, und da drei Werkstätten aufständisch geworden sind, war man gezwungen, die strengsten Maßnahmen zu ergreifen, um den vorherigen Zustand wiederherzustellen. [...] Dieses Regime ist absurd; aber es ist etabliert und man kann nicht daran rühren, ohne das Schlimmste herbeizuführen. Dieses Regime ist unterdrückend; aber es lässt in Frankreich mehrere Millionen Menschen leben. Dieses Regime ist barbarisch; aber es gäbe eine viel größere Barbarei, wollte man Hand daran legen ohne die notwendigen Kenntnisse zu haben; denn das Blut einer großen Zahl Menschen würde durch Ihre Unvorsichtigkeit fließen, weit davon entfernt, die Wohltat genossen zu haben, die Ihnen vorschwebte [...].
Barnave im Auftrag des Kolonialkomittees vor der Nationalversammlung am 24.9.1791

Archives parlementaires, t. XXXI, p.257.; www.gallica.fr, a.a.O. Übersetzt von W. Geiger.

31 Französische Verfassung vom 3. September 1791

Da die Nationalversammlung die Französische Verfassung auf den Grundsätzen aufbauen will, die sie eben anerkannt und erklärt hat, schafft sie unwiderruflich die Einrichtungen ab, welche die Freiheit und die Gleichheit der Rechte verletzen.
Es gibt keinen Adel mehr, keinen Hochadel, keine erblichen Unterschiede, keine Standesunterschiede, keine Lehnsherrschaft, keine Patrimonialgerichtsbarkeiten, keine Titel, Benennungen und Vorrechte, die davon herrührten, keinen Ritterorden, keine Körperschaften oder Auszeichnungen, die Adelsproben erforderten oder die auf Unterschieden der Geburt beruhten, und keine andere Überlegenheit als die der öffentlichen Beamten in Ausübung ihres Dienstes.
Kein öffentliches Amt kann mehr gekauft oder ererbt werden.
Für keinen Teil der Nation, für kein Individuum gibt es mehr irgendein Privileg oder eine Ausnahme vom gemeinsamen Recht aller Franzosen.
Es gibt keine Zünfte mehr, keine Körperschaften von Berufen, Künsten oder Handwerken. Das Gesetz anerkennt keine geistlichen Gelübde noch irgendwelche andere Verbindlichkeiten, die den natürlichen Rechten oder der Verfassung entgegenstehen.

Titel I. Grundeinrichtungen, von der Verfassung verbürgt

Die Verfassung verbürgt als natürliche und bürgerliche Rechte:
1. dass alle Staatsbürger zu allen Stellungen und Beamtungen zugelassen sind ohne einen anderen Unterschied als den ihrer Tugenden und ihrer Talente;
2. dass alle Abgaben auf alle Bürger gleichmäßig unter Berücksichtigung ihrer Vermögensverhältnisse verteilt werden;
3. dass dieselben Verbrechen mit denselben Strafen belegt werden ohne irgendeinen Unterschied der Person.

Die Verfassung verbürgt gleichfalls als natürliche und bürgerliche Rechte: die Freiheit jedes Menschen, zu gehen, zu bleiben, zu reisen, ohne verhaftet oder gefangen gehalten zu werden als in den durch die Verfassung festgelegten Formen; die Freiheit jedes Menschen, zu reden, zu schreiben, zu drucken und seine Gedanken zu veröffentlichen, ohne dass seine Schriften irgendeiner Zensur oder Aufsicht vor ihrer Veröffentlichung unterworfen sein dürfen, und den religiösen Kult auszuüben, dem er anhängt; die Freiheit der Bürger, sich friedlich und ohne Waffen zu versammeln [...].
Die Verfassung verbürgt die Unverletzlichkeit des Eigentums oder die gerechte und vorherige Entschädigung von dem, was die gesetzlich festgestellte, öffentliche Notwendigkeit als Opfer erfordert. [...]
Es soll eine allgemeine Einrichtung öffentlicher Hilfeleistungen geschaffen und gebildet werden, um verlassene Kinder zu erziehen, armen Kranken zu helfen und verarmten Gesunden, die sich keine Arbeit verschaffen können, diese zu besorgen.
Es soll ein öffentliches Schulwesen eingerichtet und gebildet werden, das für alle Bürger gemeinsam und in den Bereichen des Unterrichts, die für alle Menschen notwendig sind, kostenlos ist. Seine Anstalten sollen entsprechend der Einteilung des Königreiches auf die einzelnen Gebiete verteilt werden.
Es sollen Nationalfeste eingeführt werden, um die Erinnerung an die Französische Revolution zu bewahren, die Brüderlichkeit unter den Bürgern zu stärken und sie an die Verfassung, das Vaterland und die Gesetze zu binden.
Es soll ein Gesetzbuch der dem ganzen Königreich gemeinsamen bürgerlichen Gesetze geschaffen werden. [...]

Titel III. Von den öffentlichen Gewalten

Art. 1. Die Souveränität ist einheitlich, unteilbar, unveräußerlich und unverjährbar. Sie gehört der Nation. Kein Teil des Volkes und keine einzelne Person kann sich ihre Ausübung aneignen.
Art. 2. Die Nation, von der allein alle Gewalten ihren Ursprung haben, kann sie nur durch Übertragung ausüben.
Die französische Verfassung ist eine Repräsentativverfassung. Ihre Repräsentanten sind die gesetzgebende Körperschaft und der König.
Art. 3. Die gesetzgebende Gewalt ist einer Nationalversammlung übertragen, die aus Abgeordneten besteht, die durch das Volk frei und auf Zeit gewählt werden, um sie mit Billigung des Königs auf die Art auszuüben, die nachstehend bestimmt wird.
Art. 4. Die Regierung ist monarchisch. Die ausführende Gewalt ist dem König übertragen, um unter seiner Autorität durch die Minister und andere verantwortliche Beamte auf die Art ausgeübt zu werden, die nachstehend bestimmt wird.
Art. 5. Die richterliche Gewalt ist den durch das Volk auf Zeit gewählten Richtern übertragen.
Kapitel I. Von der gesetzgebenden Nationalversammlung
[...] *Abschnitt II. Urversammlungen. Bestellung der Wahlmänner*
Art. 1. Um die gesetzgebende Nationalversammlung zu wählen, treten die aktiven Bürger alle zwei Jahre in den Städten und den Kantonen zu Urversammlungen zusammen. [...]
Art. 2. Um aktiver Bürger zu sein, ist es notwendig: als Franzose geboren oder Franzose geworden zu sein, das 25. Lebensjahr vollendet zu haben, seinen Wohnsitz in der Stadt oder dem Kanton seit der durch das Gesetz festgelegten Zeit zu haben, in irgendeinem Orte des Königreiches eine direkte Steuer zu zahlen, die wenigstens dem Wert von drei Arbeitstagen gleichkommt und darüber eine Quittung vorzulegen, nicht dem Bedientenstand anzugehören, d.h. Lohndiener zu sein, im Rathaus seines Wohnsitzes in die Liste der Nationalgarde eingeschrieben zu sein, den Bürgereid geleistet zu haben. [...]

110 *Abschnitt III. Wahlversammlung. Wahl der Abgeordneten*
Art. 1. Die in jedem Departement gewählten Wahlmänner treten zusammen, um die Anzahl der Abgeordneten, die ihrem Departement zugeteilt ist, und eine Anzahl von Stellvertretern, die einem Drittel der Abgeordneten gleich-
115 kommt, zu wählen. […]
Kapitel II. Vom Königtum, der Regentschaft und den Ministern
Abschnitt 1. Vom Königtum und dem König
[…] Art. 3. Es gibt in Frankreich keine Autorität, die über
120 dem Gesetze steht. Der König regiert nur durch dieses. Und nur im Namen des Gesetzes kann er Gehorsam verlangen. […]
Kapitel III. Von der Ausübung der gesetzgebenden Gewalt
125 […] *Abschnitt III. Von der königlichen Bestätigung*
Art. 1. Die Beschlüsse der gesetzgebenden Körperschaft werden dem König vorgelegt, der ihnen seine Zustimmung verweigern kann.
Art. 2. Im Falle, dass der König seine Zustimmung verweigert,
130 ist diese Verweigerung nur von aufschiebender Wirkung. Wenn die beiden Legislaturperioden, die derjenigen folgen, die den Beschluss vorgelegt hat, nacheinander den gleichen Beschluss in der gleichen Fassung wieder vorlegen, so wird angenommen, dass der König seine Bestäti-
135 gung erteilt hat. […]
Kapitel IV. Von der Ausübung der vollziehenden Gewalt
Art. 1. Die oberste vollziehende Gewalt ruht ausschließlich in der Hand des Königs.
Der König ist der oberste Chef der allgemeinen Verwal-
140 tung des Königreiches. […]
Der König ist der oberste Chef der Streitkräfte zu Wasser und zu Lande. […]
Kapitel V. Von der richterlichen Gewalt
Art. 1. Die richterliche Gewalt kann in keinem Fall durch die gesetzgebende Körperschaft oder durch den König aus-
145 geübt werden.
Art. 2. Die Rechtsprechung erfolgt kostenlos durch die auf Zeit durch das Volk gewählten und durch Patente des Königs, die er nicht verweigern kann, eingesetzten Richter.
Sie können nur wegen eines gehörig abgeurteilten Amts-
150 vergehens abgesetzt und wegen einer zugelassenen Anklage suspendiert werden. Der öffentliche Ankläger wird durch das Volk gewählt. […]

**Titel VI. Von den Beziehungen der französischen Nati-
155 on zu fremden Nationen**
Die französische Nation verzichtet darauf, einen Krieg zu unternehmen, um Eroberungen zu machen. Sie wird ihre Streitkräfte niemals gegen die Freiheit eines anderen Volkes verwenden. […]
160

G. Franz, Staatsverfassungen, München 1950 und 1975; K. H. L. Pölitz, Die europäischen Verfassungen seit dem Jahre 1789, 2. Bd., Leipzig 1833. Zit. nach: www.verfassungen.de/f/fverf91.htm

32 **Die Verfassung der konstitutionellen Monarchie von 1791**

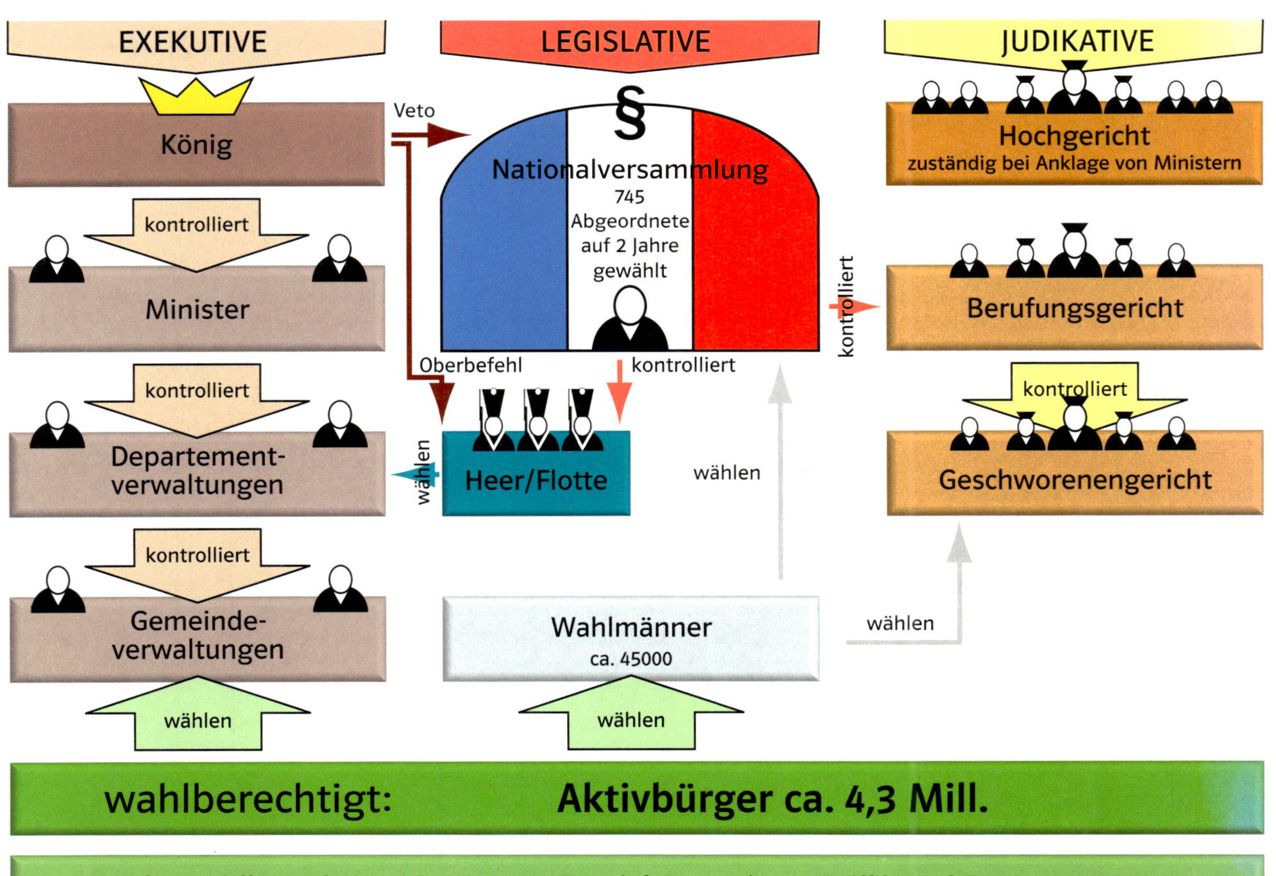

33 Abbé Sieyes: Erklärende Darstellung der Menschen- und Bürgerrechte

Vortrag im Verfassungsausschuss der Nationalversammlung, anschließend gedruckt als „Einleitung zur Verfassung".

[...] *Unterschied der gesellschaftlichen und der politischen Rechte*
Bis jetzt haben wir nur die *natürlichen* und die *gesellschaftlichen* Rechte der Bürger dargelegt; wir müssen noch die *politischen* untersuchen.
Der Unterschied dieser beiden Arten von Rechten besteht 5 darin, daß die natürlichen und gesellschaftlichen Rechte diejenigen sind, zu deren Wahrung und Entwicklung die Gesellschaft gegründet worden ist, die politischen Rechte dagegen diejenigen, durch die sich die Gesellschaft bildet. Es ist um der Klarheit des Ausdrucks willen besser, die erste 10 Art *passive*, die zweite *aktive* Rechte zu nennen.
Passive und aktive Bürger
Alle Einwohner eines Landes müssen in ihm die Rechte passiver Bürger besitzen: alle haben Anspruch auf Schutz ihrer Person, ihres Eigentums, ihrer Freiheit usw.; aber 15 nicht alle haben Anspruch darauf, tätig an der Bildung der öffentlichen Gewalten teilzunehmen: nicht alle sind Aktivbürger. Die Frauen, zumindest im jetzigen Stadium, die Kinder, die Ausländer und auch diejenigen, die nichts zur öffentlichen Gewalt beitragen, dürfen keinen aktiven Ein- 20 fluß auf das Gemeinwesen nehmen. Alle können die Vorteile der Gesellschaft genießen, aber allein diejenigen, die zur öffentlichen Gewalt etwas beitragen, sind gleichsam die eigentlichen Aktionäre des großen gesellschaftlichen Unternehmens. Sie allein sind die wahren Aktivbürger, die 25 wahren Glieder der Gesellschaftsverbindung.
Einheit des gesellschaftlichen Interesses
Die Gleichheit der politischen Rechte ist ein Grundprinzip. Sie ist wie die Gleichheit der gesellschaftlichen Rechte heilig. Aus der Ungleichheit der politischen Rechte ent- 30 stünden bald Privilegien. Ein Privileg ist entweder Befreiung von gemeinschaftlicher Last oder ausschließliche Gewährung eines gemeinschaftlichen Gutes. [...] *Eine Gesellschaft kann nur ein Allgemeininteresse haben.* Gäbe man vor, verschiedene, einander entgegengesetzte Inte- 35 ressen zu verfolgen, wäre es unmöglich, eine Ordnung zu errichten. Die gesellschaftliche Ordnung setzt notwendigerweise *Einheit des Zieles und Übereinstimmung der Mittel voraus.*
Die Errichtung der öffentlichen Gewalten usw. ist ein Werk der 40 *Mehrheit.* Die öffentliche Gewalt einer politischen Vereinigung ist das Ergebnis des Willens der Mehrheit der verbundenen Glieder. Man begreift sehr wohl, daß Einstimmigkeit [...] in einer Gesellschaft von mehreren Millionen Individuen unmöglich wird [...]: man muß sich mit der 45 Mehrheit begnügen. Es ist indessen gut, darauf hinzuweisen, daß es selbst dann eine Art mittelbare Einstimmigkeit gibt. Denn diejenigen, die einstimmig den Willen hatten sich zusammenzuschließen, um der Vorteile der Gesellschaft teilhaftig zu werden, haben auch einhellig alle 50 Mittel gewollt, die nötig sind, um sich diese Vorteile zu verschaffen. Die Wahl der Mittel allein ist der Mehrheit vorbehalten – und alle, die ihre Stimme abzugeben haben, kommen von vornherein überein, die Entscheidung immer der Mehrheit zu überlassen [...] Gemeinwille entsteht 55 also aus dem Willen der Mehrheit.

Emmanuel Joseph Sieyes, Politische Schriften 1788–1790, München/Wien (Oldenbourg) 1981, S. 251 f.

34 Fortsetzung der Revolution auf dem Lande 1790

Ein Beispiel aus dem Département Charente-Inférieure (heute Charente-Maritime) in Westfrankreich. (Zusammenfassung von Jean-Noël Luc, 1984):

Anlässlich der Neufestsetzung der Steuern weigert sich am 23. April 1790 in dem kleinen Ort Saint-Thomas einer der Notabeln des Ortes namens Martin, Notar, Gerichtsprokurator, Richter und Pächter mehrerer Ländereien und Grundherrschaften, seinen Anteil an der direkten Steu- 5 er zu erhöhen. Zwei Tage später wird seine Kirchenbank nach der Messe von den Dorfbewohnern demonstrativ in Stücke gehauen. Ein Verwaltungsbeamter erklärt der versammelten Menge, dass alle grundherrlichen Abgaben aufgehoben seien. Sofort greift eine Welle von Abgaben- 10 verweigerungen um sich. Während der Grundherr vergeblich versucht, den Beamten, der die Falschmeldung in die Welt gesetzt hat, zur Rede zu stellen, verbreitet sich in der Gemeinde das Gerücht, der Seigneur wolle diesen gefangen setzen und womöglich ermorden lassen. Umge- 15 hend wird die Sturmglocke geläutet, die Einwohner besetzen das Schloss, zerschlagen das Mobiliar und stecken etliche Nebengebäude in Brand. Der geflohene Grundherr wird in einem benachbarten Schloss aufgespürt und angeschossen, während das Schloss geplündert und zum Teil 20 in Brand gesetzt wird. Innerhalb von zwei Tagen hat sich der Aufstand auf fünf Gemeinden ausgedehnt, die mit 500 bis 600 Leuten die Besitzungen von Martin, dem Pächter und Eintreiber der grundherrlichen Gefalle [=Abgabenpflichten], verwüsten. Danach zieht die Menge durch die 25 Umgebung, bedroht weitere Schlösser, von denen sie zwei besetzen und die anwesenden Seigneurs zum Verzicht auf ihre Rechte zwingen kann. Am 2. Mai werden die Aufständischen von regulären Truppen und einer Bürgermiliz überwältigt. Von 120 inhaftierten Teilnehmern wird der 30 größte Teil nach einem Monat freigelassen, während 42 (darunter neun spannfähige Bauern, neun Tagelöhner, zwölf Weinbauern und sieben Handwerker) noch ein Jahr später im Gefängnis sitzen.

Jean-Noël Luc, Paysans et droits féodaux en Charente-Inférieure pendant la Révolution française, Paris 1984, S. 164 f. Zit. nach: Rolf Reichardt (Hg.), Die Französische Revolution, Freiburg/Würzburg 1988.

35 Vorhaltungen der Bauern der Provinz Haute-Marche hinsichtlich des Loskaufs von den Feudallasten, Aubusson-en-Marche, 8. Mai 1790

An unsere in der Nationalversammlung tagenden Herren! Ehrerbietigst unterbreiten Ihnen die armen Bauern und Pächter der Provinz Haute-Marche ihre Vorhaltungen. Sie verleihen darin der Hoffnung Ausdruck, sich als Bür- 5 ger einiger kleiner Anteile an dieser großartigen Wiedergeburt des Königreichs erfreuen zu können, wo durch die Dekrete der erlauchten Nationalversammlung die Freiheit angekündigt worden ist. Unglücklicherweise jedoch werden die Erwartungen der Bittsteller nur dann in Erfüllung gehen, wenn die erlauchte Nationalversammlung ihnen 10 eine hilfreiche Hand reicht. Denn sie merken, dass weder sie selbst noch ihre Angehörigen sich dieser großartigen Freiheit jemals erfreuen und für alle Zeit unter dem Joch des Feudalregimes und der Knechtschaft, in das sie seit so vielen Jahrhunderten gepresst sind, verbleiben werden. 15
Es ist wahr, dass die Dekrete der erlauchten Nationalversammlung die Bittsteller ermächtigen, sich loszukaufen. Wie dem aber auch sei: Gewiss ist, dass sie trotz dieser Beschlüsse gezwungen sein werden, in Knechtschaft weiterzuleben, ohne sich loskaufen zu können. Und zwar des- 20

halb, weil die erlauchte Nationalversammlung für den Loskauf von den Abgaben, die angeblich den Grundherren der Lehen geschuldet sind, einen außerordentlich hohen Preis festgesetzt hat: [...] Und das umso mehr, als die erlauchte Nationalversammlung durch ihre Dekrete den Bittstellern Fesseln angelegt hat, indem sie bestimmte, dass sich dort, wo die Abgaben gemeinschaftlich entrichtet werden, eine einzelne Person nicht loskaufen darf, falls die anderen dazu nicht in der Lage sind; es sei denn, dass derjenige, der sich freikaufen möchte, die ganze Ablösungssumme für die gesamten Abgaben entrichtet. Dieser Paragraph führt den schlüssigen Beweis, dass die Unglückseligen stets unter dem Joch der Knechtschaft verbleiben werden, da sie außerstande sind, die Ablösungssumme für die gesamten Abgaben aufzubringen. Gnädige Herren! Angesichts dieser Umstände ersuchen die Bittsteller die erlauchte Nationalversammlung, Barmherzigkeit walten zu lassen. Sie möge nicht allein den Preis für die Ablösung der in Getreide zu entrichtenden Abgaben herabsetzen, sondern ebenfalls den Preis für den Freikauf von den Sonderabgaben, der so hoch veranschlagt worden ist. Die Bittsteller ersuchen die erlauchte Nationalversammlung außerdem, jedermann die Vollmacht zu erteilen, sich loskaufen zu dürfen, selbst wenn die anderen dazu außerstande sind, und besonders dann, wenn sich sein Anteil am Loskauf auf 600 Livres und mehr belaufen wird. In diesem Falle wird der Grundherr keine Klage führen können, sobald er die angemessene Summe empfangen haben wird.

Markov, Revolution im Zeugenstand, Bd. 2, Frankfurt a. M. 1987, S. 135–137.

36 Probleme der Revolution auf dem Land, ein Beispiel aus Limours, 1. März 1792

Wir, der Bürgermeister und die Beamten der Gemeinde Limours, sind um 4 Uhr nachmittags in unseren Amtsräumen zusammengekommen, um über die Ereignisse zu beratschlagen, die sich heute morgen um halb 12 Uhr auf dem Marktplatz zugetragen hatten, als wir dort in Ausübung unserer täglichen Amtsgeschäfte weilten, um die geziemende Ordnung aufrechtzuerhalten.

Ganz überraschend war eine Schar bewaffneter Leute erschienen, etwa 200 an der Zahl, sie trugen entweder Degen und Säbel oder Piken, Pistolen und Gewehre, auf welche die meisten ihre Bajonette gepflanzt hatten; an ihrer Spitze zwei Beilscheiden unter Trommelschlag. Nachdem sie auf dem Kornmarkt erschienen waren, bildeten sie um die Kornhaufen herum einen Kreis. Als ihr Anführer der Schar Halt geboten hatte und sie unter Waffen in Ruhestellung treten ließ, waren wir an den Anführer herangetreten und hatten ihn gefragt, wie die Befehle lauteten, die sie erhalten hätten, um sich auf diese Art und Weise aufführen zu können. Er erwiderte, über keine Befehle zu verfügen. Jedoch befände sich unter ihnen der Bürgermeister der Gemeinde Fontenay, Germain Debout mit Namen, der uns die Befehle kundtun würde. Nachdem wir uns besagtem Debout vorgestellt hatten, haben wir an ihn die gleiche Frage gerichtet. Er gab uns zur Antwort, keinerlei Befehl zu haben. Heute morgen hätten sich in seinem Hause eine Anzahl bewaffneter Leute eingefunden und ihm mitgeteilt, er müsse sie zum Markt nach Limours begleiten, um dort dafür Sorge zu tragen, dass das Getreide zu einem angemessenen Preis feilgeboten wird. Als Debout den Leuten das Gesetz vor Augen geführt hatte, das Zusammenrottungen und eine zwangsweise Festsetzung des Getreidepreises verbietet, haben sie ihm lediglich geantwortet, er müsse dorthin mitkommen. Andernfalls hätten sie genügend Stricke, um ihn aufzuhängen. Auf solche Art und Weise eingeschüchtert, hätte er sich den Drohungen gefügt. Der Anführer war durch ebensolche Drohungen zum Mitkommen gezwungen worden. Die mit ihnen hier anwesenden Bürgermeister, Beamten und Prokuratoren der Gemeinden, aus denen die Bewaffneten stammten, seien gleichfalls unter Zwang mitgekommen. Nachdem die Bauern und Pächter auf Ankündigung des Gemeinderates dieses Ortes, die wie gewöhnlich durch Trommelschlag erfolgte, ihre Kornsäcke aufgebunden hatten, erklärten die Bewaffneten, dass der Preis für den Sester Korn erster Güte nur 22 bis 23 Livres betragen dürfe, für die gleiche Menge der zweiten Qualität zwischen 18 und 20 und für den Sester Mischkorn 16 Livres. Sie erzwangen den Verkauf des Korns gemäß dieser Anordnung, obwohl die Bauern ihr Getreide für 28, 26 und 24 Livres den Sester – entsprechend den Preisen des letzten Markttages – feilgeboten hatten. Nachdem alles auf dem Marktplatz zum Verkauf angebotene Getreide verteilt worden war, begab sich die bewaffnete Schar in Begleitung der Bürgermeister der angeführten Gemeinden zur Durchsuchung in mehrere Kornspeicher. Besonders nahmen sie den Speicher des Herrn Bascou in Augenschein, Maurer in diesem Ort, und den gemieteten von Herrn Lecoq, Müller der Mühle des Echelettes, Gemeinde Longvilliers. In Lecoqs Speicher befanden sich etwa 12 Sester Weizen erster Qualität, die Lecoq am davorigen Markttag gekauft hatte. Davon haben sie einen halben Scheffel dem in unserer Gemeinde wohnenden Claude Fourneau Sohn, Leinenweber von Beruf, abgefüllt, der daraufhin versprach, dieses Getreide zu bezahlen, was er schriftlich bestätigt hat. Nun haben wir Gemeindebeamten den Bewaffneten vorgehalten, dass niemand über das Recht verfügt, sich dieses Getreides zu bemächtigen, da es von einer Einzelperson gekauft und bezahlt worden ist. Als Erwiderung drohte man, uns aufzuhängen. Als wir bemerkten, dass der Aufruhr anwuchs und sich die Gemüter erhitzten, zogen wir uns in unsere Amtsräume zurück, wo wir in Erkenntnis der Notwendigkeit beschlossen haben, den Herren Administratoren des Distrikts Versailles Kenntnis von den Ereignissen zu geben.

Markov, Revolution im Zeugenstand, Bd. 2, Frankfurt a. M. 1987, S. 228 f.

37 Brissots Rede zum Krieg, 16. Dezember 1791

Die Frage, die einer Prüfung unterzogen werden muss, ist die, ob wir die deutschen Fürsten, die den Emigranten Hilfe leisten, angreifen sollen oder ob wir ihre Invasion abwarten müssen. Anfangs schien es nicht so, als ob diese Frage unter den Patrioten eine Meinungsverschiedenheit zur Folge haben sollte. Mittlerweile gibt es jedoch eine solche. Die Gemüter sind voll von Vorurteilen und Vermutungen. [...] Ich bin in der Absicht hierhergekommen, nicht alle Vorschläge des [Kriegs-]Ministers, die meines Erachtens zu weit gehen, zu verteidigen. Jedoch bin ich hergeeilt, um die Kriegserklärung gegen die deutschen Fürstlein zu unterstützen. [...] Die Kraft der Überlegung und der Tatsachen hat mich davon überzeugt, dass ein Volk, das nach 10 Jahrhunderten der Sklaverei die Freiheit errungen hat, Krieg führen muss. Es muss Krieg führen, um die Freiheit auf unerschütterliche Grundlagen zu stellen; es muss Krieg führen, um die Freiheit von den Lastern des Despotismus rein zu waschen, und es muss schließlich Krieg führen, um aus seinem Schoß jene Männer zu entfernen, die die Freiheit verderben könnten. Segnet den Himmel, dass er selber dafür gesorgt und euch Zeit gegeben hat, eure Verfassung auf feste Grundlagen zu stellen. Ihr müsst die Rebellen züchtigen, und ihr seid dafür stark genug. Fasst also den Beschluss, das zu tun. [...] Alle hier anwesenden Abgeordneten sollten eine einheitliche Meinung haben. Welch ein Unglück wäre es, gäbe es unter uns Meinungsverschiedenheiten in dieser Angelegenheit, die über Frankreichs Glück entscheiden wird. In den letzten zwei Jahren hat Frankreich alle gütlichen Mittel ausgeschöpft, um die Rebellen in seinen Schoß zurückzuführen. Alle Versuche, alle Aufforderungen sind fruchtlos gewesen; sie setzen ihren Aufruhr fort. Die fremden Fürsten halten beharrlich daran fest, sie zu unterstützen. Dürfen wir noch zögern, sie anzugreifen? Unsere Ehre, unser öffentliches Ansehen, die Notwendigkeit, unsere Revolution auf unerschütterliche Grundlagen zu stellen und sie mit besseren Sitten zu versehen, alles das schreibt uns das Gesetz vor. Wäre Frankreich nicht entehrt, wenn es nach Vollendung seiner Verfassung eine Handvoll Verschwörer duldete, die seiner Regierung hohnsprechen? Wäre es nicht entehrt, wenn es Beleidigungen hinnähme, die ein Despot keine zwei Wochen ertragen hätte? Ein Ludwig XIV. erklärte Spanien den Krieg, weil sein Botschafter durch den spanischen beleidigt worden war. Und wir, die wir frei sind, sollten einen Augenblick unschlüssig sein? [...] Welches Ergebnis wird dieser Krieg haben? Er muss uns entweder rächen, oder wir müssen uns bescheiden, der Schandfleck aller Nationen zu sein; er muss uns rächen, indem wir diese Räuberbande austilgen, oder wir werden es uns gefallen lassen müssen, die Spaltungen, Verschwörungen und Verwüstungen fortdauern und die Unverschämtheit unserer Aristokraten mehr denn je ausufern zu sehen. Sie bauen auf die Armee in Koblenz*, und daher rührt ebenfalls die Halsstarrigkeit unserer Fanatiker. Wenn ihr mit einem einzigen Streich die Aristokratie, die eidverweigernden Priester und die Missvergnügten austilgen wollt, dann müsst ihr Koblenz in Schutt und Asche legen. Das Oberhaupt der Nation wird dann genötigt sein, gemäß der Verfassung zu regieren, sein Heil nur in seiner Verfassungstreue zu erblicken und sein Verhalten einzig und allein nach ihr auszurichten.

Markov, Revolution im Zeugenstand, Bd. 2, Frankfurt a. M. 1987, S. 198 ff.

* die im Aufbau befindliche Emigrantenarmee

38 **In Straßburg gedrucktes Flugblatt, August 1791**

Letzter Ruf

der

frey gewordenen Franken

an

die unterdrückten Deutschen.

Im Monat Augst 1791. des dritten Jahrs
der Freyheit.

Fühlet eure Sclaverey, edle Deutsche! sehet es endlich ein, daß euch Fürsten zu unglücklichen Werkzeugen des Mordes gegen uns Franken brauchen wollen, – Franken, die euch Freundschaft angelobten; eure Verfassungen nie stören wollen, die euch nachbarlich lieben, und die dem ohngeachtet von euren Despoten nur um deswillen bekriegt werden sollen, weil sie die eisernen Ketten abschüttelten, die ihr noch traget.

Wir Franken wollen für diese unsre Freyheit

Kämpfen, siegen, – oder sterben.

Und ihr, verblendete Deutsche, wollt für eure Fürsten, die euer Mark aussaugen, eurer Söhne, Gatten und Freunde Blut aufopfern, um nach zweydeutigem Siege euch in vestere Ketten schmieden zu lassen?

Ha! welch Unternehmen!

Wir steckten euch die Fackel der Freyheit auf; wir gaben euren Fürsten einen Wink, was Tyranney vermag, und wie eine Nation endlich müde der Unterdrückung würde. Und doch frohnet ihr noch ihrem Stolz, wollt Leben und Eigenthum wagen, um bey uns wieder Verschwender, Barbaren und nach Herrschsucht geizende Ungeheuer in ihre entrissenen Ungerechtigkeiten einsetzen zu helfen? — weil dies eure Fürsten wollen!

Thun dies Deutsche?

Hört unsre Meynung!

Zerreißt die Sclaven-Ketten eurer verschwenderischen Fürsten, und ihrer raubbegierigen Minister; wir bieten euch die Hand, fechten und sterben mit, und für euch; schützen eure Freyheit, euer Eigenthum, und sichern euern Herd ....

Ihr seyd mit uns frey, und unsre Brüder!!

Wollt ihr aber doch Sclaven bleiben, nicht hören die Stimme eines freyen Volkes, euren Fürsten, und unsern entwichenen Schaaren stolzer Bösewichter die Hand zu mörderischen Unternehmungen bieten — Ha! so seyd ihr unsrer Schonung nicht werth; und wir machen euch, wie einst unser Despot vor hundert Jahren, zu Bettlern, schonen eures Blutes und Eigenthums nicht, und siegen, oder sterben für unsre Freyheit allein ....

Denn wir sind Franken!

Aufruf an die Deutschen zum Anschluß an die französische Revolution.
(Flugblatt. [Straßburg], 1791. — Fürstlich Thurn und Taxissches Zentralarchiv, Regensburg.)
V S. 386, 3

39 Proklamation von General Custine in Mainz, 27. Oktober 1792

Im Haupt = Quartier zu Mainz
den 27ten October 1792.
Im ersten Jahre der Franken = Republik.

Proclamation
von
Adam Philipp Cüstine,
Fränkischem Bürger, General der Armeen der Republik.

Bürger!

Die Constitution ist von der Nation nur zur Unterstüzung der Armen genehmigt, um den Unterdrükungen des Reichen endlich einmal Ziel und Gränze zu setzen.

Ich vernehme Bürger! daß der Banquier, der ins Große handelnde Kaufmann, verschworen mit unsren Feinden, um die klingende Münze, aus Frankreich herauszuziehn, und darin falsche Assignate in Umlauf zu bringen, von dem Volke Eurer Stadt, den Theil Eurer Brandschazung hat wollen bezalen lassen, den ich nur von dem Reichen nach Verhältniß seines Vermögens bezalt haben will.

Vernehmt dagegen: daß jeder, der nicht wenigstens dreißig tausend Gulden, eigenes Vermögen besizt, von jener Auflage frei seyn soll, und daß jeder andere der etwas bezalt haben sollte, sein Geld zurück erhalten soll.

Ich bin nach Deutschland gekommen, um dem Volke das Bündniß der Fränkischen Republik anzubieten, und den Unterdrükern zu zeigen, daß die frei gewordenen Franken, nur den einzigen Wunsch haben, die Schwachen zu schüzen, und den ungerechten Verwalter von Reichthümern zu überzeugen, daß die Menschen, ihrer Geburt nach an Rechten einander gleich, nicht bestimmt sind, das Joch des Reichen zu tragen.

Der Franken Bürger, General der Armeen
Cüstine.

Dem Original gleichlautend,
D. Stamm.

41 Anrede des Bürgers Merlin in Mainz, 12. Januar 1793

Titelblatt der gedruckten Rede von Anton Merlin aus Thionville, „Kommissar der Nationalkonvention bei den Armeen am Rhein, im Vogesischen Gebirg und an der Mosel", in der Gesellschaft der Freunde der Freiheit [und] Gleichheit zu Mainz.

Anrede
des
Bürgers Merlin,
fränkischen Deputirten
an
dem rheinisch = deutschen Nationalkonvent.

Stellvertreter!

Das Mainzer Land gehörte uns durch Gewalt, oder in der Tirannensprache durch das Recht des Krieges. Meine Republik kennt keine solche Rechte; sie sucht einen andern Ruhm, sie trachtet nach edlerem Gewinne, sie ringt nach schöneren Siegen, und die Eroberung des Erdrunds, wenn sie ihm nicht Freiheit schenken könnte, hätte keine Reize für sie.

Die Franken haben Euch den Gebrauch Eurer unverjährbaren Rechte wieder verschaft. Wir kommen, in Euch die Stellvertreter des wahren, alleinigen Souverains zu erkennen. Ihr habt das lezte Glied Eurer Ketten zerbrochen: heute dürfen wir zusammen ausrufen: noch mehr herabgestürzte Tirannen! und noch ein freies Volk!

Stell-

40 Brief eines Soldaten: Sergeant Brault an seine Angehörigen

Lager von Bambecque, 12. Thermidor, 2. republikanisches Jahr [30. Juli 1794].

[...] Ohne Aufenthalt setzen wir unsern Marsch auf Maestricht und Breda fort; die Holländer werden zwar vielleicht einigen Widerstand leisten, aber mit unsrer republikanischen Methode, das heißt im Sturmangriff mit aufgepflanztem Bajonett, werden wir sie schließlich zwingen, über den Rhein zurückzugehen; dort, denke ich, werden wir ins Winterquartier gehen. Wenn aber die Nordarmee nicht aufhört, Siege zu erringen, so hat sie darum den andern Armeen der Republik nichts vorzuwerfen.

Alle in gleicher Weise, jede an ihrer Stelle, sind siegreich und verjagen den Feind mit der gleichen Beherztheit; mit welcher Genugtuung haben sie aber auch ihr Verdienst ums Vaterland anerkannt gesehen! Wie sollte man nicht der wackere Soldat einer Nation sein, die so großmütig ist, und nicht mit Vergnügen all seine Kräfte zu ihrer Verteidigung aufbieten! Selbst das Opfer des Lebens, des teuersten, was wir in der Welt haben, zählt nichts für eine so schöne Sache! Das Vaterland ist in großer Gefahr gewesen; daran waren nur Verräter schuld, nicht seine Verteidiger; sowie ihr Kopf zum Preis ihres Verrats geworden ist, hat man bemerkt, dass es sie bald los sein konnte.

Welche reichen Schätze wird das Vaterland nicht aus all diesen Ländern ziehen, in denen alle Städte entsprechend ihren Mitteln tributpflichtig sind, ohne das Korn zu rechnen, das wir ernten, und die Ochsen und Kühe, die zur Ernährung der Armee requiriert werden. Zur Zeit des niederträchtigen Dumouriez[1] mussten Lebensmittel aller Art aus Frankreich hinausgehen; das war ein Beweis des Verrats, weil ein erobertes Land seinen Siegern, soweit es möglich ist, Lebensmittel liefern muss, ohne das Geld zu rechnen, mit dem es ihre Kassen speisen muss; das ist immer eine a-conto-Zahlung auf die Kriegskosten, die die Besiegten zahlen müssen.

Diese stolzen Engländer, Hannoveraner, diese Preußen, die sich rühmen, die besten Soldaten Europas zu sein und die man im vorigen Jahr sogar noch zu fürchten schien, fliehen in Auflösung vor denen, die sie Carmagnolen[2] nennen. Sie geben als Grund an, wir hätten keine militärische Taktik und so dürfte man nicht Krieg führen. Sie wollen uns jedenfalls vorwerfen, wir müssten rücksichtsvoller sein, wenn wir ihre Städte nehmen; sie wollen uns sagen, wir wären zu hitzig in der Verfolgung und gönnten ihnen keine Rast; so dürften wir nicht vorgehen. Wenn man einen ehrlichen Krieg führt, darf man nichts schonen und muss sich immer selbst zu übertreffen suchen, und mit dieser republikanischen Taktik haben wir Belgien, die Pfalz, Piemont erobert, Landrecies befreit, und mit dieser Methode werden Condé und Valenciennes[3] Frankreich zurückgegeben und die Besatzungen für ihren Widerstand bestraft werden. Als der Kommandant der Festung

Condé sich nach der Aufforderung, wenn die Besatzung sich nicht binnen vierundzwanzig Stunden ergäbe, würde kein einziger geschont werden, sofort ergab, könnt er sich nicht enthalten zu sagen: „Ich kann wahrhaftig nicht begreifen, wie man derart Krieg führen kann." Es ist sehr hart für so hochmütige Männer, der ersten Aufforderung von Republikanern zu gehorchen; sie mögen reden, was sie wollen, eben diese unsre republikanische Art wird uns zum Siege führen. Freie Männer, die geschworen haben, zu siegen oder zu sterben, kennen keine andre.

Briefe aus der Französischen Revolution. Frankfurt a. M. 1990, S. 675 f. Ausgewählt, übersetzt und erläutert von Gustav Landauer.

1 erfolgloser General, aufgrund seiner monarchistischen Gesinnung des Verrats verdächtigt

2 nach dem Revolutionslied La Carmagnole des Rois

3 Orte und Festungen in Nordfrankreich

42 Aufruf Bonapartes an die Italienarmee

Nizza, Hauptquartier, 27. 3. 1796

Soldaten!

Ihr seid ohne Kleidung und schlecht ernährt. Die Regierung schuldet euch viel, aber sie kann euch nichts geben. Bewundernswürdig sind eure Geduld und der Mut, den ihr inmitten dieser Felsen beweist, doch verschaffen sie euch weder Ruhm noch Glanz. Ich will euch in die fruchtbarsten Ebenen der Welt führen. Reiche Provinzen und große Städte werden in eure Hände fallen; hier werdet ihr Ehre, Kriegsruhm und Reichtümer ernten. Sollte es euch, Soldaten der Italienarmee, an Tapferkeit oder Ausdauer fehlen?

Markov, Revolution im Zeugenstand, Bd. 2, Frankfurt a. M. 1987, S. 695 f.

43 Gesetz über die Verdächtigen vom 17. September 1793

Art. 1. Unmittelbar nach Verkündung des vorliegenden Dekrets sind alle verdächtigen Personen, die sich auf dem Gebiet der Republik und noch in Freiheit befinden, in Haft zu nehmen.

Art. 2. Als Verdächtigte gelten 1. alle, die sich durch ihr Verhalten, ihre Beziehungen oder ihre in Wort oder Schrift geäußerten Ansichten als Anhänger der Tyrannei, des Föderalismus und als Feinde der Freiheit erwiesen haben; 2. alle, die sich nicht auf die durch das Gesetz vom 21. März dieses Jahres vorgeschriebene Weise über die Mittel zu ihrer Existenz und die Erfüllung ihrer Bürgerpflichten ausweisen können; 3. alle, denen die Beglaubigung der Staatsbürgertreue verweigert worden ist; 4. durch den Nationalkonvent oder seine Kommissare von ihren Ämtern suspendierte oder abgesetzte und nicht wiedereingesetzte öffentliche Beamte, namentlich diejenigen, die kraft des Gesetzes vom 12. August dieses Jahres abgesetzt worden sind oder noch abgesetzt werden müssen; 5. jene unter den ehemaligen Adligen, ob Männer, Frauen, Väter, Mütter, Söhne oder Töchter, Brüder oder Schwestern wie auch Bevollmächtigte von Emigranten, die nicht beständig ihre Verbundenheit mit der Revolution kundgetan haben; 6. alle, die im Zeitraum zwischen dem 1. Juli 1789 und der Verkündung des Gesetzes vom 8. April 1792 emigriert sind, auch wenn sie in der von diesem Gesetz bestimmten Frist oder davor nach Frankreich zurückgekehrt sein sollten.

Art. 3. Die laut Gesetz vom 21. März dieses Jahres eingesetzten Überwachungsausschüsse oder die – sei es durch Erlasse der bei den Armeen und in den Departements in Mission weilenden Volksvertreter, sei es kraft besonderer Dekrete des Nationalkonvents – an ihre Stelle getretenen Ausschüsse werden beauftragt, für ihren jeweiligen Wirkungskreis ein Verzeichnis der verdächtigen Personen anzufertigen, Haftbefehle gegen sie auszustellen und ihre Papiere amtlich versiegeln zu lassen. Die Kommandanten der Streitkräfte, denen diese Befehle auszuhändigen sind, werden bei Strafe ihrer Absetzung verpflichtet, sie auf der Stelle auszuführen. [...]

Markov, Revolution im Zeugenstand, Bd. 2, Frankfurt a. M. 1987, S. 499 f.

44 Bericht von Saint-Just, einem engen Vertrauten von Robespierre, für den Wohlfahrtsausschuss vor dem Nationalkonvent, 10. Oktober 1793

Es ist an der Zeit, offen eine Wahrheit auszusprechen; sie darf hinfort jenen, die regieren werden, nicht mehr aus dem Sinn gehen: Die Republik wird erst dann auf festen Grundlagen ruhen, wenn der Wille des Souveräns die monarchistische Minderheit unterdrücken und kraft Eroberungsrecht über sie herrschen wird. Ihr dürft die Feinde des jetzigen Regierungssystems in keiner Weise mehr schonen, denn die Freiheit muss siegen, um welchen Preis auch immer. [...]

Solange auch nur ein Feind der Revolution noch atmet, können wir auf kein glückliches Gedeihen hoffen. Ihr habt nicht nur die Verräter, sondern auch die Gleichgültigen zu bestrafen; ihr habt jeden zu bestrafen, der untätig in der Republik dahinlebt und nichts für sie leistet. Denn seit das französische Volk seinen Willen zum Ausdruck gebracht hat, zählt jeder, der sich dem Volk entgegenstellt, nicht mehr zum Souverän, und jeder, der nicht mehr zum Souverän gerechnet wird, ist ein Feind. Hätten die Verschwörungen unser Land nicht in Unruhe versetzt, wäre das Vaterland nicht unzählige Male Opfer nachsichtiger Gesetze geworden, würde es wohltuend sein, nach den Grundsätzen des Friedens und der natürlichen Gerechtigkeit zu regieren. Diese Grundsätze sind gut zwischen Freiheitsfreunden; zwischen dem Volk und seinen Feinden gibt es aber keine andere Gemeinsamkeit als das Schwert. Jene, die nicht mittels Gerechtigkeit regiert werden können, müssen mit dem Eisen regiert werden; Tyrannen muss man unterdrücken.

Ihr habt Tatkraft bewiesen; der Verwaltung des Staates hat sie hingegen gefehlt. Ihr habt Sparsamkeit verlangt; das Rechnungsamt hat eure Bemühungen nicht unterstützt. Jeder hat den Staat ausgeplündert. Die Generäle haben Krieg gegen die Armeen geführt. Die Eigentümer von Gewerbeerzeugnissen und Nahrungsmitteln, alle Laster der Monarchie kurzum, haben sich verbündet gegen das Volk und gegen euch. [...]

Es muss die ganze Wahrheit gesagt werden. Die Festpreise sind der Umstände halber notwendig. Wenn aber die Ausgabe von Assignaten fortgesetzt wird und wenn die schon ausgegebenen in Umlauf bleiben, wird sich der Reiche, der über Ersparnisse verfügt, noch mehr ins Zeug legen, mit dem Volk, der Landwirtschaft und dem nützlichen Handwerk in Konkurrenz zu treten, um ihnen die Arbeitskräfte zu entziehen, die sie unbedingt brauchen.

Der Bauer wird seinen Pflug im Stich lassen, weil sein Verdienst größer ist, wenn er in den Dienst des Reichen tritt. Ihr werdet den Preis für die Produkte festgelegt haben, man wird euch diejenigen abspenstig machen, die sie erzeugen. Wenn die Produkte dann sehr selten geworden sind, wird sie sich der Reiche sehr wohl verschaffen können, und dann wird die Not ihren Höhepunkt erreichen.

Da man die Lebensmittelpreise um ein Drittel, ein Viertel oder auf die Hälfte des Preises festgelegt hat, den sie früher hatten, muss man von dem umlaufenden Papier- und Hartgeld ein Drittel, ein Viertel oder die Hälfte aus dem Verkehr ziehen. Der Reiche, dessen Einkommen sich durch die Preisfestsetzungen verdoppelt, muss einen Teil dieser Einkünfte, angepasst an den Gewinn, den er aus den Preisfestsetzungen zieht, dem Vaterland zurückgeben.
Eines der besten Mittel, die Lebensmittelpreise zu senken und ein Übermaß des Reichtums zu vermindern, besteht darin, denjenigen, der zu viel hat, zur Sparsamkeit zu zwingen. Diese Binsenwahrheiten müssen von jedermann begriffen werden; sie sind mehr eine Sache des Herzens als des Verstandes.
Es gibt einige Sonderumstände, die ihr hinsichtlich des gegenwärtigen Geldwertes in Betracht ziehen müsst, weil sich seit den Verkäufen der Nationalgüter in den Jahren 1790 und 1791, die am schnellsten vor sich gingen, alles gewaltig verteuert hat. Jahresraten und Zinsen, die euch heute entrichtet werden, entsprechen nicht mehr dem gegenwärtigen Geldwert, und der Staat hat infolgedessen beim Verkauf der Güter die Hälfte eingebüßt. [...]
Die verschiedenen Gesetze, die ihr früher über die Lebensmittelversorgung erließet, wären vortrefflich gewesen, wären die Menschen nicht schlecht gewesen.
Als ihr das Gesetz über das Maximum erlassen habt, kauften die Volksfeinde, die vermögender als das Volk sind, über das Maximum auf.
Fortan wurden die Marktplätze nicht mehr von der Habsucht derjenigen versorgt, die Waren verkauften: Der Lebensmittelpreis ging zwar herunter, die Lebensmittel jedoch wurden selten.
Die Beauftragten einer großen Anzahl von Gemeinden kauften um die Wette; und da sich die Sorge um das tägliche Brot von allein aufbläht und verbreitet, wollte jedermann Vorräte in seinen Besitz bringen und öffnete so der Hungersnot, um sich vor ihr zu schützen, die Wege. [...]
Die Verschwörungen, die seit einem Jahr die Republik zerrissen, haben uns gezeigt, dass die Regierung gegen das Vaterland konspiriert hat. Der Ausbruch der Vendée hat sich verstärkt, ohne dass ihre Fortschritte aufgehalten worden wären. Lyon, Bordeaux, Toulon und Marseille haben sich empört und verkauft, ohne dass die Regierung etwas unternommen hätte, dem Übel zuvorzukommen oder ihm Einhalt zu gebieten.[...]
Wenn die Regierung selbst nicht auf revolutionärem Wege gebildet wird, ist es unmöglich, revolutionäre Gesetze durchzusetzen. [...]

Markov, Revolution im Zeugenstand, Bd. 2, Frankfurt a. M. 1987, S. 507–516.

45 Aus der radikalen populären Pariser Zeitschrift *La grande colère* du Père Duchesne (= „Die große Wut des Vaters Duchesne“) N° 341, Mai 1794

Unser erstes Gut ist das Brot, ich weiß es, Donnerwetter! Wenn man etwas hat, stirbt man nicht vor Hunger. Aber es reicht nicht, Donnerwetter, nicht zu sterben; die Sansculotten müssen, wenn sie arbeiten, glücklich leben. Zu diesem Brot gehört etwas Warmes; sie brauchen den patriotischen Tropfen, um sie wieder auf die Beine zu bringen, wenn sie vor Müdigkeit erschöpft sind. Sie brauchen Zeug, Hemden, Schuhe, mindestens aber Holzlatschen. [...]
Ja, die Hamsterer scheren sich einen Dreck ums Maximum, und sie beginnen wieder mit neuen Ausgaben all ihre faulen Geschäfte, nur um uns auszuhungern und uns in schreckliches Elend zu stürzen. Die Bauern, die Pächter, die doch alles durch die Revolution gewonnen haben, sind ebenso gefräßig wie die wilden Tiere, die ehemals ihre Ernten raubten. Sie vergessen, was die Sansculotten der Städte für sie gemacht haben, sie denken nicht mehr daran, dass jene sie von der Kopfsteuer, der Salzsteuer, der Jagd und allen Fressereien des Ancien Régime befreit haben. Sie denken nicht mehr daran, dass das Land all seine Reichtümer den Städten schuldet; denn, Kerl, was machten diese derart geizigen Bauern, wenn sie nicht die Stadt für den Absatz hätten? Sicherlich gibt es keinen nützlicheren, achtenswerteren Menschen als jenen, der den Boden beackert, der ihn mit seinem Schweiß tränkt, um seinesgleichen zu ernähren. Ich liebe aus ganzem Herzen jenen, der Wein anbaut, der Vieh aufzieht und mästet, was zu unserer Nahrung und Kleidung dient; aber, Kerl, der Sansculotte, der die Wolle des Landmannes spinnt, der daraus Stoffe herstellt, der die Pflugschar seines Pfluges und die Waffen gießt, mit denen man die Feinde der Republik ausrottet, sind das nicht ebenso gute Kerle und ebenso wertvolle Menschen? Alle Menschen, die arbeiten, sind gleich vor dem Gesetz; es muss alle schätzen. Die Landbewohner haben ebenso wenig Recht, ihre Brüder in den Städten auszuhungern, wie jene nicht das Land auslaugen und sich am Blut der Landwirte laben dürfen. Wir sind wie eine Familie: Der Reiche muss mit dem Armen teilen; der Starke muss dem Schwachen helfen; der Gebildete muss aufklären, muss jenen unterrichten, der das Unglück hat, weder A noch B zu kennen. Es muss so sein, dass sich alle guten Republikaner bei der Hand nehmen, dass sie wie Brüder zusammenstehen. [...]
Alle Händler, vom kleinsten bis zum größten, scheinen sich verabredet zu haben. Die Schlachter haben nur noch Innereien und Knochen; beim Weinhändler sagt man Euch, wenn ihr Euch beklagt, durch dieses eklige Gesöff vergiftet worden zu sein, dass es am Maximum läge. Der Schuster hat kein Leder mehr, um die Sansculotten mit Schuhen zu versorgen, demgegenüber gibt es noch Karton und Pappmaché, um Schuhe für die Vaterlandsverteidiger herzustellen. Die Essensresteverkäufer haben Butter und Eier nur noch für die fetten Mäuler; die Krämer (ich habe die Nase voll davon, Kerl, über sie zu sprechen) verkaufen Euch verdorbenen Holzstaub als Pfeffer; Nelkenöl als „Öl“der Provence; gebrannte dicke Bohnen als Kaffee.

Susanne Petersen, Die große Revolution und die kleinen Leute – Französischer Alltag 1789/95. Kommentare, Dokumente, Bilder, Köln 1988, S. 265–267.

46 Rede Robespierres vor dem Nationalkonvent am 5. Februar 1794

Wir wollen die Dinge so ordnen, dass alle niedrigen und grausamen Leidenschaften im Zaum gehalten und alle wohltätigen und edlen Leidenschaften durch die Gesetze geweckt werden; wir wollen eine Ordnung schaffen, in der sich der Ehrgeiz auf den Wunsch beschränkt, Ruhm zu erwerben und dem Vaterland zu dienen; in der Vornehmheit nur aus der Gleichheit entsteht; wo der Bürger dem Magistrat, der Magistrat dem Volke und das Volk der Gerechtigkeit unterworfen ist; eine Ordnung, in der das Vaterland das Wohlergehen eines jeden Einzelnen sichert und jeder Einzelne stolz das Gedeihen und den Ruhm des Vaterlandes genießt; in der die Seelen sich weiten durch den ständigen Austausch republikanischer Gefühle und durch das Bedürfnis, die Achtung eines großen Volkes zu verdienen; in der die Künste eine Zierde der Freiheit sind,

die sie veredelt, und in der der Handel eine Quelle des allgemeinen Reichtums und nicht nur des ungeheuren Überflusses in wenigen Häusern ist. [...]
Welche Regierungsform kann diese Wunder vollbringen? 20 Nur die demokratische oder republikanische Regierung! Denn diese beiden Wörter sind synonym, trotz aller Missbräuche der volkstümlichen Sprache. [...] Die Demokratie ist ein Staat, in dem das souveräne Volk sich nach Gesetzen richtet, die sein eigenes Werk sind, indem es von 25 selbst alles tut, was es tun kann, und indem es durch seine Abgeordneten tun lässt, was es nicht selbst tun kann.
Ihr müsst also in den Grundsätzen der demokratischen Regierung die Regeln für euer politisches Verhalten suchen! [...]
30 Was ist [...] das grundlegende Prinzip der demokratischen Regierung oder der Volksregierung, das heißt, was ist die wichtigste Kraft, die sie unterstützen und antreiben soll? Es ist die Tugend! Und ich meine damit die öffentliche Tugend, die in Griechenland und Rom so viele Wunder 35 vollbracht hat und die noch weit Erstaunlicheres im republikanischen Frankreich vollbringen soll. Ich meine jene Tugend, die nichts anderes ist, als die Liebe zum Vaterland und zu seinen Gesetzen.
Da aber das Wesen der Republik oder der Demokratie die 40 Gleichheit ist, so folgt daraus, dass die Liebe zum Vaterland notwendigerweise die Liebe zur Gleichheit in sich trägt.
Dieses erhabene Gefühl setzt natürlich voraus, dass man das öffentliche Interesse allen privaten Interessen vorzieht: Daraus ergibt sich, dass die Liebe zum Vaterland alle Tugenden voraussetzt oder hervorbringt. [...] Unse- 45 re vermutlich gefährlichste Klippe ist nicht die Glut des Eifers, sondern vielmehr die Fahrlässigkeit und die Angst vor unserem eigenen Mut. [...] Man muss die inneren und äußeren Feinde der Republik beseitigen oder mit ihr untergehen. Deshalb sei in der gegenwärtigen Lage der erste 50 Grundsatz eurer Politik, das Volk durch Vernunft und die Volksfeinde durch Terror zu lenken.[...]
Man hat gesagt, dass der Terror das Machtmittel der despotischen Regierung war. Sieht denn Eure Regierung dem Despotismus ähnlich? Freilich, aber so, wie das Schwert, 55 das in den Händen der Freiheitshelden glänzt, dem Schwerte ähnelt, mit dem sich die Anhänger der Tyrannei bewaffnet haben. Sollen doch die Despoten ihre verrohten Untertanen durch den Terror regieren; in ihrer Eigenschaft als Despoten haben sie das Recht dazu. Bezwingt 60 Ihr die Feinde der Freiheit durch den Terror; so werdet Ihr in Eurer Eigenschaft als Gründer der Republik das Recht dazu haben. Die Revolutionsregierung ist der Despotismus der Freiheit gegen die Tyrannei. [...]
Die Demokratie kann durch zwei Dinge zugrunde gehen, 65 durch die Überheblichkeit derjenigen, die sie regieren, oder durch die Verachtung des Volkes für die Autoritäten, die es selbst eingesetzt hat; denn diese Verachtung hätte zur Folge, dass jede Sippe und jedes Individuum die öffentliche Macht an sich zu reißen trachtete und das Volk in wüstem 70 Durcheinander zum Umsturz oder zur Tyrannei geriete.

Maximilien Robespierre, Ausgewählte Texte, Hamburg 1971, S. 581–616. Übersetzt von Manfred Unruh.

Arbeitsvorschläge:

1. Analysieren Sie die Symbolik des Gemäldes von Jacques-Louis David. Das Bild blieb im Entwurfstadium stecken und wurde erst später als monumentales Wandgemälde vollendet. Überlegen Sie, warum David die Arbeit daran 1791 abbrach. (M 4)
2. Fassen Sie die in den Beschwerdeheften der Gemeinde Gerlfangen sowie des Bezirks von Metz aufgelisteten Forderungen nach Themen und Adressaten zusammen. (M 20 M 21)
3. Vergleichen Sie den Auszug aus dem Buch „Qu'est que le Tiers Etat?" von Abbé Sieyes (M 22) mit dem Beschluss der Ständeversammlung in Metz vom November 1788 (M 23).
4. Vergleichen Sie die Erklärung der Menschenrechte vom 26. August 1789 (M 25) mit der Präambel zur Verfassung von 1791 sowie mit den in dieser Verfassung festgelegten Grundsätzen (M 32) sowie der Rechtfertigung durch Abbé Sieyes (M 33).
5. Erörtern Sie den Anspruch der Menschenrechtserklärung auf universelle Gültigkeit im Hinblick auf ihre Einschränkungen gegenüber bestimmten Gruppen von Menschen.
6. Welche Botschaft versuchen die vier Szenen auf dem Gemälde „Tableaux mémorables" für die Jahre 1789–1791 zu vermitteln? (M 27)
7. Womit begründet Olympe de Gouges die rechtliche Gleichheit der Frau? (M 26)
8. Wie kam es zum Krieg? Analysieren Sie die Argumentation des Flugblatts vom August 1791 (M 38) und vergleichen Sie es mit der späteren politischen Entwicklung. Vergleichen Sie dazu auch die Argumentation Brissots zum Präventivkrieg (M 37).
9. Diskutieren Sie die Begründung der „Terreur" bei Saint-Just (M 44) und Robespierre (M 46) unter Hinzuziehung des Gesetzes über die Verdächtigen (M 43). Ordnen Sie die Argumente nach Konfliktfeldern.
10. Arbeiten Sie das Verhältnis zwischen der Hauptstadt Paris und dem Rest des Landes (der „Provinz") in der Anfangsphase der Revolution und während des Bürgerkrieges 1793 heraus. (M 16, M 19, M 21).
11. Ziehen Sie eine Bilanz der Revolution bis zum Ende der Terreur. Suchen Sie Darstellungen Robespierres und der Schreckensherrschaft in der Literatur bzw. im Internet und erörtern Sie die Bewertungen.

2 Napoleon I. und die französische Vorherrschaft in Europa

2.1 Der Aufstieg des Napoleon Bonaparte

Napoleon Bonaparte wurde am 15. August 1769 als Sohn einer armen, aber einflussreichen Adelsfamilie in Ajaccio auf Korsika geboren. Die Beziehungen seines Vaters erlaubten ihm, eine Karriere in der französischen Armee zu beginnen und zum Offizier der Artillerie ausgebildet zu werden. Während seines Aufenthaltes in Paris wurde Napoleon Zeuge der revolutionären Ereignisse um 1790, wobei er republikanische Ziele unterstützte. Nachdem es in Folge zum 1. Koalitionskrieg zwischen einem Bündnis europäischer Monarchien gegen das revolutionäre Frankreich kam, wurde er an die Front versetzt, wo er erste Auszeichnungen erhielt, die zu Beförderungen führten.

Nach dem Sturz Robespierres geriet der junge General in Verdacht, die radikalen Jakobiner unterstützt zu haben, und wurde deswegen aus dem aktiven Dienst entlassen. Napoleon lebte seitdem in Paris und knüpfte Kontakte innerhalb der dortigen Oberschicht, wobei die einflussreiche Witwe Josephine Beauharnais als Veranstalterin von Abendgesellschaften für die Oberschicht für ihn besondere Bedeutung besaß. Durch sie erregte er die Aufmerksamkeit des Regierungsmitgliedes Barras. Jener erteilte ihm schließlich im Rahmen royalistischer Aufstände des Jahres 1795 den Oberfehl über die Armee in Paris. Napoleon ließ mit Kanonen auf die Aufständischen schießen und wurde für sein hartes Durchgreifen auf Empfehlung Barras' von der Regierung mit einer Beförderung belohnt.

Seine Heirat mit der Witwe Beaurharnais machte darüber hinaus deren zahlreichen gesellschaftlichen Kontakte langfristig für ihn nutzbar, so dass er 1796 den Oberbefehl über die Italienarmee erhielt. Obwohl er eigentlich nur Ablenkungsmanöver für die größere und besser ausgerüstete Rheinarmee durchführen sollte, ging er in die Offensive und errang in kurzer Zeit mehrere Siege. Während die Rheinarmee gegen die österreichischen Truppen vorerst erfolglos blieb, konnte Napoleon sie in Italien mehrmals schlagen und ihnen schließlich 1797 in Campo Formio einen Friedensvertrag diktieren.

Zu diesem Zeitpunkt hatte Napoleon sich bereits einen Ruf als angeblich genialer Feldherr erworben und durch seine Siege und eine gute Versorgung die Loyalität seiner Truppen gesichert. Diese Stellung nutzte er, um im Frieden von 1797 ohne Rücksprache mit dem Direktorium den Österreichern Bedingungen zu stellen, welche nicht nur Italien betrafen, sondern auch die Kampfhandlungen am Rhein zum Vorteil Frankreichs beendeten.

Parallel zum Krieg sah sich das Direktorium genötigt, sowohl gegen royalistische als auch jakobinische Kräfte im Staat vorzugehen, die jeweils erhebliche Stimmengewinne bei den Wahlen zur Legislative verbuchen konnten. Daher baten die Direktoren um die Hilfe Napoleons, der daraufhin durch Mittelsmänner die Regierung unterstützte. Außerdem lieferte der General dem Direktorium aus den von ihm besetzten italienischen Gebieten Geld und Wertsachen in großen Mengen, welche zum Ausgleich der Staatsfinanzen beitrugen und seinen Einfluss vergrößerten.

Im Jahr 1798 schlug der inzwischen nach Paris zurückgekehrte Napoleon der Regierung vor, auf eine Invasion in England zu verzichten und stattdessen die Wirtschaftsverbindungen des Feindes anzugreifen. Die Regierung stimmte zu und Napoleon brach mit einem Heer auf, um Ägypten und den Handelsweg nach Indien zu besetzen. Obwohl er in Schlachten gegen ägyptische und türkische Heere siegreich blieb, verlor er den Feldzug aufgrund der Vernichtung seiner Flotte durch den englischen Admiral Nelson bei Abukir und aufgrund des Ausbruches der Pest. Napoleon nutzte einen letzten Sieg gegen eine türkische Armee, um seine geschwächte Armee im Orient zurückzulassen und als angeblich ungeschlagener Feldherr nach Paris zu reisen.

1 Napoleon als Schüler. Chromolitographie von Georges Montorgneil, 1910.

Dort war die Lage des Direktoriums inzwischen kritisch geworden. In Italien und am Rhein rückten feindliche Armeen vor, das Land stand am Rande eines Staatsbankrotts und die Wahlen drohten Gegner der derzeitigen Verfassung an die Macht zu bringen. Diese Situation brachte einige einflussreiche Politiker, unter ihnen die Direktoren Abbé Sieyès und Roger Ducos, zu der Überzeugung, ein Staatsstreich sei zum Erhalt der Ordnung notwendig.

Aufgrund seiner Popularität und seiner Erfahrung wandten sie sich an Napoleon, um ihn an die Spitze einer von ihnen gelenkten Regierung zu setzen. Mit Hilfe von Napoleons Bruder Lucien, dem Präsidenten des Rates der 500, gelang 1799 der Staatsstreich, in dessen Folge General Bonaparte immer mehr Macht auf seine eigene Person konzentrierte. (▶ M 4–5)

2

2.2 Vom Generalsrang zur Kaiserkrone

Das Ergebnis des Staatsstreiches von 1799 war die durch eine Volksabstimmung bestätigte Ernennung Napoleons zum ranghöchsten Staatsbeamten für zehn Jahre. Er trug nun den Titel „Erster Konsul". Weite Teile der Bevölkerung begrüßten die Übernahme der Macht durch den gefeierten Kriegshelden, der versprach, sowohl Stabilität und Ordnung zu garantieren, als auch die wichtigsten Errungenschaften der Revolution zu festigen und zu erhalten.
In fünf Schritten versicherte sich der neue Machthaber der Unterstützung für seine weiteren Pläne:
Erstens wurden die vermögenden Bürger durch die Zusicherung der Freiheit des Eigentums und Erwerbs in einem stabilen Regierungssystem, welches Handel und Industrie fördere, für ihn eingenommen.
Zweitens wurden zugunsten der Bauern die Aufhebung des Feudalsystems und der weitere günstige Verkauf von Staatsgütern bestätigt.
Drittens betonte Napoleon gegenüber den konservativen Kräften das Ende weiterer revolutionärer Veränderungen und bot geflohenen Adligen und Royalisten eine Amnestie und Rückkehr nach Frankreich an.
Viertens schloss er 1801 ein Konkordat [Staatsvertrag] mit dem Papst, durch welches er sowohl den Klerus als auch die vorwiegend religiöse Landbevölkerung von seiner Herrschaft überzeugte.
Der fünfte Schritt war ein erfolgreicher Feldzug mit Friedensschlüssen, die es Napoleon erlaubten, sich der Bevölkerung als Sieger zu präsentieren: Im Jahr 1801 schloss er als Sieger mit Österreich den Frieden von Lunéville und 1802 mit England den Frieden von Amiens. Die danach herrschende positive Stimmung nutzte er aus, um sich durch ein Plebiszit zum Konsul auf Lebenszeit wählen zu lassen.
Aus dieser Position heraus gelang es Napoleon, ein umfangreiches Reformprogramm in Frankreich durchzuführen, welches das Land modernisierte und zugleich seine eigene Stellung noch verbesserte.
Er selbst krönte sich 1804 im Beisein des Papstes zum Kaiser der Franzosen. Dabei betonte er, dass er diese Krone sowohl durch die Gnade Gottes, als auch durch den Willen der französischen Nation erhalten habe. Auf diese Weise versuchte Napoleon eine politische Gleichstellung mit den übrigen Staatsoberhäuptern Europas zu erreichen und seine besondere Stellung in Frankreich zu betonen und zu sichern. Seine Krone sollte wie in anderen Monarchien auf eventuelle Erben übergehen, womit eine napoleonische Dynastie gegründet werden sollte, wie auch die Krönung von Josephine Beauharnais zur Kaiserin unterstrich.
Der Hinweis auf die Bindung an den Willen der Nation deutete aber zugleich darauf hin, dass hier eine neue Art Monarchie entstanden war, die sich nicht allein auf die Autorität einer Familie, sondern auf eine ganze Nation stützte, welche nach Auffassung Napoleons aufgrund ihrer Fortschrittlichkeit unter seiner Führung die Ordnung Europas bestimmen sollte.

2 Napoleon verhandelt mit österreichischen Abgesandten. Gemälde von Guillaume Lethière, 1806.

3 Die drei Konsuln nehmen den Treueschwur neuer Beamter entgegen.
Gemälde von Louis Charles Auguste Couder, 1856.

4 Bericht der Zeitung Moniteur über die Rückkehr Napoleons aus Ägypten vom 15. Oktober 1799

Der General Bonaparte ist am 17. dieses Monats in Frejus gelandet [...] Er wurde von einer ungeheuren Volksmenge unter den Rufen „Es lebe die Republik" empfangen. Das Heer von Ägypten hat er in der zufriedenstellendsten Lage zurückgelassen. Es ist unmöglich, die Freude zu beschreiben, die man empfand, als man gestern diese Nachrichten in den Theatern ausrufen hörte. Allenthalben rief man; „Vive la republique! Vive Bonaparte!" Begeisternde Beifallsrufe, die man immer wiederholte, wurden von allen Seiten laut. Jedermann war wie im Taumel! Der Sieg, der Bonaparte immer begleitet, war ihm diesmal vorangegangen, und er kommt, um der in den letzten Zügen liegenden Koalition die letzten Schläge zu versetzen. Ach, Herr Pitt [Premierminister von England]! Welch schreckliche Nachricht, die man der der gänzlichen Niederlage der Anglo-Russen in Holland beifügen muss! Der Verlust dreier anderer Schlachten wäre besser für sie [die Engländer] gewesen als die Ankunft Bonapartes!

Friedrich Kircheisen, Napoleon I. Sein Leben und seine Zeit, 9 Bd., München u. Leipzig 1911–1934, Bd. IV, S. 352.

5 Ansprache Napoleon Bonapartes an seine Soldaten vor dem Versammlungsort des Parlaments am 12. November 1799

(Zwischenrufe und Handlungen sind in Klammern angegeben:)

Soldaten, ich habe euch von Sieg zu Sieg geführt; kann ich auf euch zählen? (Ja! Ja! ... Es lebe der General! ... Was befehlt Ihr uns?) Soldaten, man will Euch Glauben machen, dass der Rat der 500 das Vaterland retten wolle; das Gegenteil ist richtig, er liefert es der Zerstörung aus! Einige Agitatoren versuchen, ihn zur Erhebung gegen mich aufzurufen! Soldaten, kann ich auf euch zählen? – (Ja! Ja! Es lebe Bonaparte!) Also gut, dann werde ich sie zur Ordnung bringen! (Es lebe Bonaparte!) – (Nun gibt er Anweisungen an seine Leutnants, dann ergreift er wieder das Wort) Lange genug ist das Vaterland gequält, beraubt, ausgeplündert worden! Lange genug wurden seine Verteidiger beschimpft und verletzt! ... – (Es lebe Bonaparte!) Diese Tapferen, die ich bekleidet, bezahlt und mit dem Preis unserer Siege ausgehalten habe, in was für einem Zustand finde ich sie nun vor? – (Es lebe Bonaparte!) Man verschlingt ihren Unterhalt! Man liefert sie ohne Schutz dem Eisen der Feinde aus. Aber ihr Blut ist noch nicht genug; man verlangt auch das ihrer Familien! Die Verschwörer sprechen davon, ihre blutige Herrschaft wieder aufzurichten! Ich habe versucht, zu ihnen zu sprechen; sie haben mir mit Dolchstößen geantwortet! Seit drei Jahren haben mich die verbündeten Könige gesetzlos erklärt, weil ich ihre Armeen besiegt habe; und nun soll ich hier außerhalb

des Gesetzes gestellt werden von einigen Wirrköpfen, die sich mehr für Freunde der Freiheit halten als diejenigen, die tausendfach dem Tod für sie ins Auge gesehen haben! Sollte mein Schicksal etwa die größten Armeen besiegt haben, um dann an einem verschwörerischen Dolchstoß zu scheitern? Drei mal, ihr wisst es, habe ich mein Leben meinem Vaterland geopfert; aber das Eisen der Feinde hat es respektiert: Ich habe die Meere überquert, ohne Furcht, es ein viertes Mal neuen Gefahren auszusetzen; und auf diese Gefahren treffe ich nun inmitten eines Senats von Attentätern! Drei mal habe ich der Republik die Tore geöffnet, und dreimal hat man sie wieder zugeschlagen! (Die letzten Worte werden übertönt von kraftvollen Rufen Vive Bonaparte!)
General Serrurier schreitet die Reihen der Soldaten ab, mit den Worten: Soldaten, der Rat der Alten hat sich hinter General Bonaparte gestellt; der Rat der 500 wollte unseren General umbringen. Und die Soldaten, die dieser Botschaft glauben, wiederholen erneut: Es lebe Bonaparte! – Sie wollten unseren General umbringen, schrieen die meisten voller Wut. – Es ist Zeit, diese Redner rauszuschmeißen, sagten andere. Mit ihrem Geschwätz haben sie uns seit sechs Monaten ohne Sold und ohne Schuhe gelassen! – Eine solche Regierung brauchen wir nicht! – Ja, wenn Bonaparte der Chef wäre, wäre alles besser; uns ginge es besser! [...] Es geht los, Kameraden, und der Frieden ist das Ziel, ergreift erneut General Serrurier das Wort. – Es lebe der General! Es lebe Bonaparte! – [...] – Bei diesen Rufen setzt das Schlagen der Trommeln ein, der Lärm der Waffen, der Marschtritt [...] Der Befehl lautete, den Sitzungssaal des Rates der 500 zu evakuieren.

Histoire parlementaire Bd. 38, S. 219 f. In: Die Französische Revolution, Paderborn 2005, S. 77 f. Übersetzt von Wolfgang Kruse.

6 General Bonaparte erklärt dem französischen Abgesandten in der Toskana am 1. Juli 1797 seine politischen Ansichten

Glauben Sie, daß ich in Italien Siege erfechte, um damit das Ansehen der Advokaten des Direktoriums zu erhöhen, von Leuten wie Carnot [1755–1823 Mitglied des Direktoriums, vorher Gegner Robespierres im Konvent] und Barras [1755–1829 Mitglied des Direktoriums]? Glauben Sie vielleicht, daß ich eine Republik begründen will? Welcher Gedanke! [...] Das ist eine Wahnvorstellung, in die die Franzosen vernarrt sind, die aber auch wie so manches andere vergehen wird. Was sie brauchen, ist Ruhm, die Befriedigung ihrer Eitelkeit, aber von der Freiheit verstehen sie nichts. Blicken Sie auf die Armee! Die Erfolge und die Triumphe, die wir soeben davongetragen haben, die haben den wahren Charakter des französischen Soldaten wieder hervortreten lassen. Für ihn bin ich alles. Das Direktorium soll es sich nur einfallen lassen, mir das Kommando über die Armee wegzunehmen! Dann wird man sehen, wer der Herr ist. Die Nation braucht einen Führer [...], aber keine Theorien über Regierung, keine großen Worte, keine Reden von Ideologien, die die Franzosen nicht verstehen [...] Ich bin am Frieden nicht interessiert. Sie sehen, was ich bin, was ich jetzt in Italien vermag. Wenn Frieden geschlossen ist, wenn ich nicht mehr an der Spitze dieses mir ergebenen Heeres stehe, muß ich auf diese Macht, auf diese hohe Stellung, die ich mir verschafft habe, verzichten und im Luxemburg-Palast Advokaten den Hof machen. Ich möchte Italien nur verlassen, um in Frankreich eine Rolle zu spielen, ungefähr der ähnlich, die ich hier spiele; aber der Augenblick ist noch nicht gekommen, die Birne ist noch nicht reif [...] Ich will gerne eines Tages die republikanische Partei schwächen, aber es soll zu meinem eigenen Nutzen sein und nicht zu dem der alten Dynastie. Vorläufig gilt es, mit den Republikanern zu gehen. [...]

Miot de Melito, Memoires. Paris 1858, Bd. I, S. 163 f. In: Die Französische Revolution, Stuttgart 1984, S. 112 f. Übersetzt von Irmgard Hartig u. Paul Hartig.

Arbeitsvorschläge:

1. Diskutieren Sie, welche Faktoren Napoleons außergewöhnliche Karriere ermöglichten.
2. Skizzieren Sie anhand eigener Recherche (vgl. Literaturverzeichnis im Onlinelink) die außenpolitische Situation Frankreichs in den 1790er-Jahren in einem Kurzreferat. Gehen Sie dabei besonders auf die Beteiligung Napoleons an den Ereignissen ein.
3. Interpretieren Sie die Zeichnung von Montereil in Hinblick auf die Zeit ihrer Entstehung. (M 1)
4. Mit welchen Mitteln wird im Gemälde von Couder der Rang Napoleons betont? Wie erscheint er hier im Verhältnis zu den anderen Konsuln? (M 3)
5. Nehmen Sie Stellung zum Bericht von Napoleons Rückkehr im Moniteur. Finden Sie hierfür den Begriff der Propaganda berechtigt? (M 4)
6. Untersuchen und Interpretieren Sie Aufbau und Argumentation von Napoleons Ansprache an die Soldaten. (M 5)
7. Fassen Sie die verschiedenen Maßnahmen Napoleons zur Sicherung seiner Stellung zusammen und überlegen Sie, auf welche Teile der französischen Bevölkerung er jeweils wirkte. Gab es Ihrer Ansicht nach weitere Möglichkeiten?

3 Reformen in Frankreich

Das von Napoleon angeregte und geleitete Reformprogramm begann bereits im Jahr 1800. Durch eine Anordnung des Ersten Konsuls wurde die Verwaltung der französischen Departements neu organisiert und an deren Spitze das neue Amt des Präfekten gesetzt. Diese Präfekten, die Napoleon mehrheitlich persönlich auswählte, waren allein der Zentralregierung verantwortlich und sollten deren Anordnungen in ihren Gebieten umsetzen. Die jeweiligen örtlichen Eliten durften nur noch beratende Funktionen einnehmen. Auf diese Weise wurde Frankreich nun wesentlich zentraler regiert als zuvor im Ancien Régime. Ein modernes Informationsnetz mit optischen Telegraphen, welches Berichte und Befehle schnell übermitteln konnte, verstärkte diesen Effekt.
Nach der Verwaltung widmete sich Napoleon angesichts der schlechten Finanzlage einer Neuordnung des Steuerwesens. Dabei stand eine Vereinfachung des Systems und Steigerung der Einnahmen im Mittelpunkt. Flankiert wurden die Maßnahmen durch die Gründung einer französischen Nationalbank, welche als zentraler Kreditgeber wirtschaftliche Projekte fördern sollte. Gegen die Inflation verfügte Napoleon die Abschaffung von Papiergeld und die Rückkehr zu einer neuen Edelmetallwährung, dem Franc. Die noch immer hohe Arbeitslosigkeit wurde durch staatliche Bauprojekte, speziell zur Verbesserung der Infrastruktur, gesenkt, womit sowohl wirtschaftlichen als auch militärischen Zwecken gedient war. Schon im Jahr 1802 verfügte Frankreich über einen ausgeglichenen Staatshaushalt.
Den nächsten Schritt stellte eine umfassende Reform der Rechtsprechung dar, welche mit dem Code Civil von 1804 ihren Anfang nahm. Dieses Gesetzbuch war weitgehend ohne Rücksicht auf traditionelle Rechte anhand logischer Prinzipien von einem Expertengremium unter Leitung Napoleons verfasst worden. In ihm wurden Errungenschaften der Revolution, wie Gleichheit vor dem Gesetz, Schutz des Eigentums und der Person, Gewissensfreiheit und die Abschaffung des Feudalwesens festgehalten. Dabei wurden Schwerpunkte auf die Förderung von Handel und Industrie gesetzt. Gegenüber der republikanischen Zeit wurden allerdings speziell die Rechte der Frauen eingeschränkt, die nun wieder Vätern und Ehemännern untergeordnet wurden. Der Code Civil wurde später auch Code Napoléon genannt.
Parallel zu den drei genannten Reformfeldern vollzogen sich unter der Herrschaft Napoleons noch weitere, langfristige Entwicklungen, welche dazu beitrugen, die französische Gesellschaft umzugestalten.
Zum einen wurden die staatlichen Kompetenzen gegenüber Kirchen und Schulen ausgeweitet. Napoleon ließ zahlreiche Bildungseinrichtungen gründen und deren Lehrpläne und die Tätigkeit der Lehrer überwachen. Auf diese Weise stiegen die Absolventenzahlen rasch an und es wurde versucht, die Jugend im Sinne der Regierung zu beeinflussen. Außerdem wurden durch die Vereinheitlichung der Sprache und Bildung die Zentralisierungstendenzen gefördert und das Land erstmals auf das Ziel einer inneren Einheit hin umgestaltet.
Mit Hilfe seines Ministers Fouché ließ Napoleon zum anderen das Polizeiwesen modernisieren und eine strenge Pressezensur einrichten. (▶ M 5) Oppositionelle Meinungen wurden nun unterdrückt und Propaganda zugunsten des Kaisers und seiner Politik tonangebend. Fouché leitete außerdem persönlich eine Geheimpolizei, die durch Informanten Berichte über Bürger anfertigte und mit besonderen Vollmachten gegen angebliche Verschwörer vorging. Ab 1805 führte dieses Polizeiregime schließlich auch zu einem Rückgang der allgemeinen Kriminalität und sicherte durch Zwang spürbar die öffentliche Ordnung.
Neben Zwangsmaßnahmen versuchte Napoleon auch durch Vergünstigungen seine Stellung zu sichern. Er führte einen neuen Adel ein, welcher zum größten Teil aus verdienten Veteranen seiner Feldzüge und deren Familien bestand. Sie bekamen Titel, Vermögen und auch Grundbesitz für ihre bereits geleisteten und zukünftigen Dienste. An der Spitze des neuen Adels setzte Napoleon Mitglieder seiner eigenen Familie, die er als Prinzen und Prinzessinnen betitelte und im Laufe der Jahre mit eigenen Kronen in Europa versah. Er hoffte, dass die Angehörigen dieser Schicht treu zu ihm stehen würden, da sie ihren Besitz allein seinem Wohlwollen verdankten.

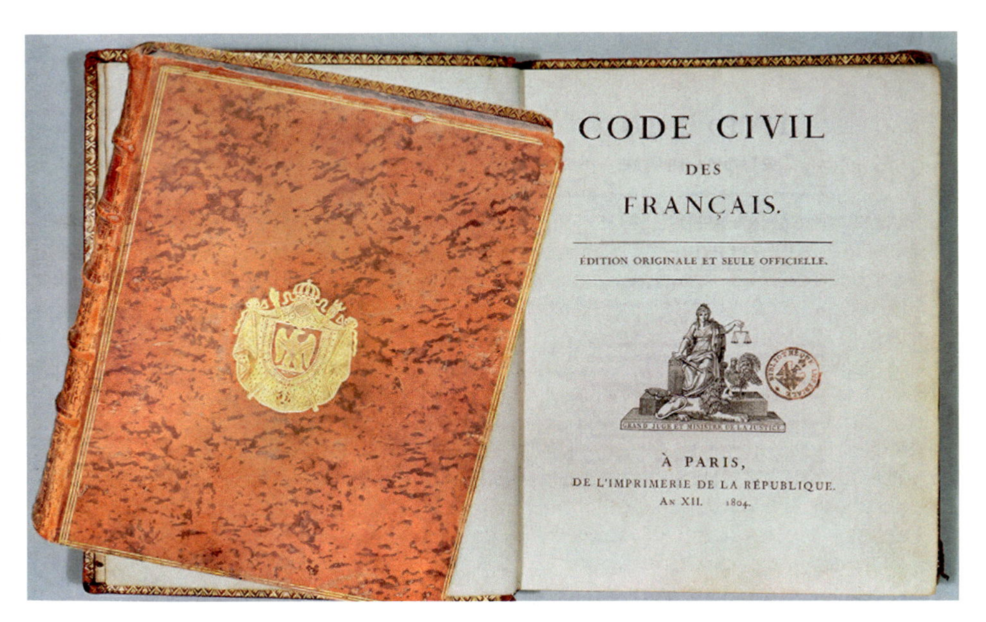

1 Der Code Civil von 1804, auch Code Napoléon genannt

Zuletzt bleibt auf die Organisation der Armee hinzuweisen, welche den Aufstieg Napoleons ermöglicht hatte und die Stellung Frankreichs in Europa begründete. Napoleon behielt hier die Neuerungen der Revolutionszeit wie die Wehrpflicht bei und bemühte sich, durch Belohnungen und Propaganda die Soldaten für seine Person einzunehmen. Um Konkurrenz zu verhindern, wählte er seine Offiziere nicht nach deren eigenen Fähigkeiten, sondern hauptsächlich danach aus, wie gut und direkt sie seine Befehle umsetzten. Alle Siege wurden dementsprechend ihm allein zugeschrieben, worauf sein Ruf als militärisches Genie gründete. Der Schlüssel zu seinen Erfolgen war dabei das Prinzip, seine Armee aus den durchquerten Ländern zu versorgen und daher auf schwere Lasten zu verzichten, wodurch in Verbindung mit einer hervorragenden Motivation seiner Soldaten bisher unbekannte Marschleistungen erreicht werden konnten. Napoleon konnte somit Gegner ausmanövrieren und meist an von ihm ausgewählten Orten zur Schlacht stellen. In der direkten Konfrontation trugen die Beweglichkeit und das in früheren Schlachten bestehende Vertrauen seiner Armee in den Sieg Napoleon dazu bei, dass er selbst gegen zahlenmäßig überlegene Gegner siegreich blieb.
Diese Siege, die er ab 1803 in mehreren Kriegen gegen wechselnde Koalitionen errang, halfen ihm wiederum, durch ihre Nutzung in der Propaganda seine Stellung als Staatsoberhaupt zu sichern und somit die beschriebenen Reformen durchzuführen.

2 Napoleon I. im Krönungsornat
Gemälde von Jean Antoine Dominique Ingres, 1806.

3 Das Konkordat vom 15. Juli 1801

Die Regierung der Republik erkennt, daß die katholische, apostolische und römische Religion die Religion der großen Mehrheit der französischen Bürger ist. Ebenso erkennt Seine Heiligkeit an, daß diese Religion die größten Wohltaten und den höchsten Glanz von der Wiederherstellung des katholischen Gottesdienstes in Frankreich und der besonderen Zuneigung, mit der sich die Konsuln der Republik zu ihr bekennen, empfangen hat und auch gegenwärtig von ihnen erwartet.
Infolgedessen haben sie nach dieser gegenseitigen Anerkennung sowohl zum Vorteil der Religion als zur Aufrechterhaltung der inneren Ruhe über folgende Punkte eine Vereinbarung geschlossen.

Artikel 1
Die katholische, apostolische und römische Religion wird in Frankreich frei ausgeübt. Ihr Gottesdienst ist öffentlich, im Einklang jedoch mit den polizeilichen Vorschriften, die die Regierung im Interesse der öffentlichen Ruhe für notwendig erachtet.

Artikel 2
Es wird vom Heiligen Stuhl im Einvernehmen mit der Regierung eine neue Umschreibung [Zuteilung] der Diözesen in Frankreich vorgenommen werden.

Artikel 3
Seine Heiligkeit wird den Inhabern der französischen Bistümer erklären, daß er von ihnen im Interesse des Friedens und der Einheit jedwedes Opfer, selbst den Verzicht auf ihr Amt, mit voller Zuversicht erwarte.
Wenn sie sich nach dieser Mahnung weigern, das von dem Wohl der Kirche verlangte Opfer zu bringen (eine Weigerung, die Seine Heiligkeit nicht erwartet), so wird die Leitung der neu umschriebenen Bistümer anderen Inhabern auf folgende Weise anvertraut.

Artikel 4
Der Erste Konsul der Republik übt innerhalb dreier Monate, gerechnet von der Veröffentlichung der Bulle Seiner Heiligkeit, das Recht der Nomination für die neu umschriebenen Erzbistümer und Bistümer aus. Seine Heiligkeit verleiht die kanonische Institution entsprechend den Formen, wie sie in Frankreich vor dem Sturz der Regierung festgesetzt waren. […]

Artikel 6
Bevor die Bischöfe ihr Amt antreten, legen sie unmittelbar in die Hand des Ersten Konsuls den Treueid ab, wie er vor dem Sturz der Regierung in Übung war; er trägt folgenden Wortlaut: „Ich schwöre und gelobe Gott auf die Heiligen Evangelien, daß ich der durch die Verfassung der französischen Republik eingesetzten Regierung Gehorsam und Treue leisten werde. Ich gelobe ferner, kein Einverständnis haben zu wollen, keiner Beratung beizuwohnen, keine Verbindung, sei es im Innern oder nach außen hin, zu unterhalten, die der öffentlichen Ruhe entgegen sind; und wenn ich in meiner Diözese oder anderswo erfahre, daß etwas gegen den Staat angezettelt wird, so werde ich es der Regierung zu wissen tun." […]

Artikel 9
Folgende Gebetsformel wird am Schlusse des Gottesdienstes in allen katholischen Kirchen Frankreichs gesprochen: Herr, erhalte die Republik! Herr, erhalte die Konsuln! […]

Lothar Schöppe, Konkordate seit 1800. Originaltext und Übersetzung der geltenden Konkordate, Frankfurt a. M. u. Berlin 1964, S. 93 ff.

4 Der Grundbeschluss des Senats vom 18. Mai 1804 wandelt Frankreich in ein Kaiserreich um

Art. 1: Die Regierung der Republik wird einem Kaiser anvertraut, der den Titel „Kaiser der Franzosen" annimmt. Die Rechtsprechung erfolgt im Namen des Kaisers durch die von ihm eingesetzten Beamten.
5 Art. 2: Napoleon Bonaparte, zur Zeit Erster Konsul der Republik, ist Kaiser der Franzosen. [...]
Titel II: Von der Erblichkeit
Art. 3: Die Kaiserliche Würde ist erblich in der direkten, natürlichen und legitimen Linie Napoleon Bonapartes in
10 männlicher Folge nach dem Erstgeburtsrecht und unter dauerndem Ausschluß der Frauen und ihrer Nachkommen.
Art. 4: Napoleon Bonaparte kann die Kinder oder Enkel seiner Brüder adoptieren, wenn diese das achtzehnte Lebensjahr vollendet haben, er selbst aber im Augenblick
15 der Adoption keine männlichen Kinder hat [...]
Art. 9: Die Mitglieder der kaiserlichen Familie, in der Folge des Erbrechts, tragen den Titel „französische Prinzen". Der älteste Sohn des Kaisers führt den Titel „Kaiserlicher Prinz".

Histoire Parlemantaire, Bd. 38, S. 301 (M.) Zit. nach Arnulf Moser, Joachim Rohlfes, Erhard Rumpf: Vom Ancien Régime zur modernen Welt. Revolution in Amerika und Europa, Stuttgart 1990, S. 133.

5 Schreiben Napoleons an Polizeiminister Fouché am 22. April 1805 über dem Umgang mit der Presse

Herr Fouché, die Zeitungen machen sich ein Vergnügen daraus, auf alle Fälle den Luxus und die Ausgaben des Hofes zu übertreiben, was dazu führt, daß die Öffentlichkeit lächerliche und unsinnige Rechnungen anstellt [...] Lassen
5 Sie nachforschen, wer die Nachrichten in die Zeitung gebracht hat, M. Salicetti [Politiker aus Korsika] hätte von der Regierung Genuas ein Geschenk von 200 000 Francs erhalten; davon weiß ich nicht das Geringste, und falls es wahr sein sollte, hätten die Zeitungen das nicht veröf-
10 fentlichen dürfen [...] üben Sie auf die Zeitungen einen stärkeren Druck aus, lassen Sie gute Artikel hineinsetzen. Geben Sie den Redakteuren des „Journal des debats" und des „Publiciste" zu verstehen, daß die Zeit nicht mehr fern ist, wo ich, falls ich merke, daß sie mir nichts nützen, sie
15 mit allen anderen unterdrücken werde, und ich werde nur eine einzige Zeitung zulassen; daß ich, wenn sie zu nichts anderem gut sind, als die Bulletins abzudrucken, welche die englischen Agenten auf dem Kontinent verbreiten [...] daß ich, wenn sie mir zu nichts anderem dienen, Schluß
20 mache und für Ordnung sorge. Ich will also, daß Sie die Redakteure des „Journal des debats", des „Publiciste" und der „Gazette de France" kommen lassen, die meines Wissens die am meisten gelesenen sind, um ihnen klarzumachen, daß ihre Existenz nicht mehr lange dauern wird,
25 wenn sie nichts anderes sein wollen als Dolmetscher englischer Zeitungen und Bulletins, und wenn sie nur ununterbrochen die öffentliche Meinung alarmieren, indem sie stumpfsinnig die Bulletins aus Frankfurt und Augsburg ohne Unterschied und ohne Urteil wiederholen; daß die
30 Zeit der Revolution vorbei ist und daß es in Frankreich nur noch eine Partei gibt, daß ich niemals dulden werde, daß die Zeitungen etwas gegen meine Interessen sagen oder tun, daß sie ein paar kleine Artikel bringen können, in denen sie ein wenig Gift verspritzen, aber daß man sie
35 eines schönen Morgens aufs Maul schlagen wird [...]

Napoleon

Wolfgang Lautemann u. Manfred Schlenke, Amerikanische und Französische Revolution, München 1981 (Geschichte in Quellen Bd. 4), S. 606.

6 Joseph Fouchè. Zeitgenössisches Gemälde von Claude-Marie Dubufe.

7 Der preußische Reformpolitiker von Hardenberg beurteilt die politische Entwicklung in Frankreich in der sogenannten Rigaer Denkschrift vom 12. September 1807

[...]
I. Allgemeine Gesichtspunkte.
Die Begebenheiten, welche seit mehreren Jahren unser Staunen erregen und unserem kurzsichtigen Auge als fürchterliche Übel erscheinen, hängen mit dem großen 5
Weltplan einer weisen Vorsehung zusammen. Nur darin können wir Beruhigung finden. Wenngleich unserem Blick nicht vergönnt ist, tief in diesen Plan einzudringen, so läßt sich doch der Zweck dabei vermuten: das Schwache, Kraftlose, Veraltete überall zu zerstören und nach dem Gange, 10
den die Natur auch im Physischen nimmt, neue Kräfte zu weiteren Fortschritten zur Vollkommenheit zu beleben.
Der Staat, dem es glückt, den wahren Geist der Zeit zu fassen und sich in jenen Weltplan durch die Weisheit seiner Regierung ruhig hinein zu arbeiten, ohne daß es gewalt- 15
samer Zuckungen bedürfe, hat unstreitig große Vorzüge, und seine Glieder müssen die Sorgfalt segnen, die für sie so wohltätig wirkt.
Die Französische Revolution, wovon die gegenwärtigen Kriege die Fortsetzung sind, gab den Franzosen unter 20
Blutvergießen und Stürmen einen ganz neuen Schwung. Alle schlafenden Kräfte wurden geweckt, das Elende und Schwache, veraltete Vorurteile und Gebrechen wurden – freilich zugleich mit manchem Guten – zerstört. Die Benachbarten und Überwundenen wurden mit dem Strome 25
fortgerissen.
Unkräftig waren alle die Dämme, welche man diesem entgegensetzte, weil Schwäche, egoistischer Eigennutz und

falsche Ansicht sie bald ohne Zusammenhang aufführte, bald diesen im gefährlichen Irrtum unterbrach und dem verheerenden Strome Eingang und Wirkung verschaffte. Der Wahn, daß man der Revolution am sichersten durch Festhalten am Alten und durch strenge Verfolgung der durch solche geltend gemachten Grundsätze entgegenstreben könne, hat besonders dazu beigetragen, die Revolution zu befördern und derselben eine stets wachsende Ausdehnung zu geben. Die Gewalt dieser Grundsätze ist so groß, sie sind so allgemein anerkannt und verbreitet, daß der Staat, der sie nicht annimmt, entweder seinem Untergange oder der erzwungenen Annahme derselben entgegensehen muß. Ja selbst die Raub- und Ehr- und Herrschsucht Napoleons und seiner begünstigten Gehilfen ist dieser Gewalt untergeordnet und wird es gegen ihren Willen bleiben. Es läßt sich auch nicht leugnen, daß unerachtet des eisernen Despotismus, womit er regiert, er dennoch in vielen wesentlichen Dingen jene Grundsätze befolgt, wenigstens ihnen dem Schein nach zu huldigen genötigt ist.
Also eine Revolution im guten Sinn, gerade hinführend zu dem großen Zwecke der Veredelung der Menschheit, durch Weisheit der Regierung und nicht durch gewaltsame; Impulsion von innen oder außen, – das ist unser Ziel, unser leitendes Prinzip. Demokratische Grundsätze in einer monarchischen Regierung: dieses scheint mir die angemessene Form für den gegenwärtigen Zeitgeist. [...]

Winter, Reorganisation des preußischen Staates 1/I, S. 305 f., S. 315 ff.

Arbeitsvorschläge:

1. Fassen Sie die zentralen Reformprojekte Napoleons zusammen.
2. Beurteilen Sie die Bedeutung des Reformzieles einer neuen inneren Einheit Frankreichs.
3. Beschreiben Sie die Bedeutung der Religion und des Klerus in der napoleonischen Staatsordnung. (M 3)
4. Diskutieren Sie Napoleons Haltung zur Presse vergleichend zwischen seiner Perspektive und Ihrem modernen Rechtsverständnis. (M 5)
5. Charakterisieren Sie Napoleons Herrschaft in Frankreich. Problematisieren Sie die Aussage, Napoleon sei der Vollender der Revolution gewesen.
6. Problematisieren Sie den Ruf Napoleons als „genialer Feldherr". Erörtern Sie in diesem Zusammenhang die Gründe für die militärischen und außenpolitischen Erfolge des französischen Kaiserreiches.
7. Welche Vorteile konnte die Kaiserkrönung für Napoleon Ihrer Meinung nach bieten?
8. Beschreiben Sie, welche Folgen nach Einschätzung des Herrn von Hardenberg die damalige politische Entwicklung für die deutschen Staaten habe. (M 7)
9. Kommentieren Sie aus heutiger Sicht die Ansichten von Hardenbergs über die Französische Revolution, ihre Grundsätze und Napoleons Herrschaft.
10. Erörtern Sie, welchen Vorbildern Napoleon bei der Inszenierung seiner Herrschaft, wie sie in den Gemälden von Jean Ingres und Henri Motte (Kapitel 4 S. 45) gezeigt wird, gefolgt sein könnte. Überlegen Sie außerdem, ob mit der Wahl bestimmter Vorbilder auch ein bestimmtes politisches Programm verbunden war. (M 2)

4 Das Ende des Heiligen Römischen Reiches Deutscher Nation und die territoriale Neuordnung seiner Gebiete

Bereits die Revolutionsregierungen waren aus verschiedenen Gründen bemüht, das französische Staatsgebiet bis zum Rhein auszudehnen, den sie als natürliche Grenze betrachteten. Diese Expansion sicherte Napoleon durch den Frieden von Lunéville im Jahr 1801. (▶ M 2) Der besiegte Kaiser Franz II. gestattete ihm in diesem Dokument die französische Annexion der linksrheinischen Gebiete und stimmte einer Konferenz zu, die über Entschädigungen für die Fürsten derjenigen Länder entscheiden sollte, die nun annektiert wurden. Als Herrscher des Heiligen Römischen Reiches Deutscher Nation hatte Franz II. allerdings gar nicht das Recht, solch einen Eingriff in die einzelnen Gebiete zu erlauben.

Das Reich, dem er als Kaiser vorstand, umfasste um das Jahr 1800 Hunderte von verschiedenen Herrschaftsgebieten, welche alle das Recht auf eigene Verwaltung, Rechtsordnung und Außenpolitik inklusive Zollwesen besaßen. Das Reich war gewissermaßen eine Pufferzone in Zentraleuropa, deren Teile sowohl dem Einfluss äußerer als auch rivalisierender innerer Mächte ausgesetzt waren. Die zentralen Institutionen Kaiser, Reichstag und Reichsgerichte hatten sich als zu schwach erwiesen, um gegen die Interessen der mächtigen Reichsfürsten ein Gegengewicht zu bilden. Einige Landesherren hatten innerhalb ihrer Gebiete bereits absolutistische Reformen durchgeführt, während das Reich selbst in älteren Strukturen erstarrt war. Dessen Einwohner sahen sich als Preußen, Tiroler, Hessen oder Bayern – aber nicht als Deutsche. Neben den wenigen Mächtigen gab es Hunderte kleinerer Herrschaften, von denen neben den Reichsstädten manche nicht mehr als ein Dorf oder eine alte Burg umfassten, deren Eigenständigkeit im Reich jedoch früher durch den Kaiser als Gegengewicht zu den mächtigen Reichsfürsten geschützt worden war.

Diese kleineren Gebiete sollten nun zusammen mit den kirchlichen Herrschaften, wie Bistümern oder großen Klöstern, als Material für die Entschädigung der im Frieden von Lunéville enteigneten Fürsten dienen. Ein Reichstag wurde einberufen, dessen Ausschuss, genannt Deputation, die Details verhandelte. Der Abschlussbericht wurde unter dem Titel Reichsdeputationshauptschluss 1803 vom Kaiser und Reichstag angenommen. Hier wurde die Unterordnung der kleineren Herrschaftsgebiete, die oftmals Reichsrittern gehörten, unter benachbarte Mittelmächte beschlossen. Diesen Prozess nannte man Mediatisierung. Auch die Übergabe der kirchlichen Territorien an weltliche Herren wurde entschieden und unter dem Schlagwort Säkularisierung beinah vollständig durchgeführt. Da jene Gebiete relativ wohlhabend waren, stellten sie für ihre neuen Herren eine erhebliche Geldquelle dar.

Das Ergebnis dieses Prozesses veränderte die Gestalt des alten Reiches. Zunächst wurde gemäß Napoleons Plänen Preußens Stellung durch große Gebietsgewinne als Gegengewicht zu seinem Gegner Österreich weiter ausgebaut. Darüber hinaus entstand eine Reihe von neuen Mittelmächten, die nun über genug Land und Einkommen verfügten, um gegenüber den beiden deutschen Großmächten selbstständig bleiben zu können. Zu diesen gehörten Bayern, Baden und Württemberg, die Bündnisse mit Napoleon eingingen, da das alte Reich als Ordnungsmacht ausgeschaltet worden war.

Napoleons Strategie, die Territorien des Reiches an sich zu binden, zeigte im 3. Koalitionskrieg von 1805/06 Erfolg. Seine deutschen Verbündeten kämpften mit ihm im Krieg gegen Österreich und Russland, während Preußen neutral blieb.

Im anschließenden Frieden von Pressburg folgten weitere Mediatisierungen und Gebietsgewinne für Napoleons deutsche Verbündete. Er ernannte außerdem die Herrscher von Bayern und Württemberg zu Königen und erhöhte so ihren Rang gegenüber anderen Fürsten.

1 Napoleon vor dem mittelalterlichen deutschen Kaiserthron in Aachen. Gemälde von Henri Paul Motte.

Vor diesem Hintergrund organisierte Napoleons Außenminister und oberster Diplomat Talleyrand ein neues Bündnis. Im Jahr 1806 erklärten 16 Reichsfürsten ihren Austritt aus dem Heiligen Römischen Reich Deutscher Nation. Sie organisierten sich vertraglich im sogenannten Rheinbund unter Napoleons Protektorat. (▶ M 5) Dieses Bündnis, dem sich in den folgenden Jahren beinah alle deutschen Staaten außer Preußen und Österreich anschlossen, garantierte zwar die Unabhängigkeit seiner Mitglieder und ihr Recht auf eine eigene Innenpolitik, war aber zugleich ein Eckpfeiler der französischen Vorherrschaft in Europa. Die Staaten ordneten ihre Außenpolitik dem französischen Kaiser unter und verpflichteten sich, im Falle eines Krieges eigene Truppen und Versorgungsgüter unter Napoleons Befehl zu stellen. Aufgrund dieser Entwicklungen und den Folgen des Friedens von Pressburg legte Franz II. kurz darauf die Kaiserkrone nieder, erklärte das Reich für aufgelöst und nahm den Titel Franz I. von Österreich an.

Die preußische Regierung, die in ihrem Wunsch, das Gebiet des Kurfürstentums Hannover zu erhalten, von der französischen Diplomatie enttäuscht wurde, reagierte auf die Machtverschiebungen mit der Aufforderung, den Rheinbund aufzulösen, und einer Kriegserklärung an Frankreich. Napoleon benötigte nur drei Wochen, um die berühmteste deutsche Militärmacht bei Jena und Auerstedt derart vernichtend zu schlagen, dass die Generäle kapitulierten und der Staat Preußen vom Zusammenbruch bedroht war. Napoleon zog im Triumph in Berlin ein.

Der mit Preußen verbündete Zar Alexander zwang Napoleon danach, erstmals in osteuropäischer Landschaft zu kämpfen, wo dessen Taktiken durch die Weite des Landes an Wirkung verloren. Napoleon siegte dennoch unter großen Verlusten und schloss 1807 den Frieden von Tilsit. Preußen verlor beinah die Hälfte seines Gebietes und wurde zu hohen Zahlungen verpflichtet. Das Land schien dadurch sowohl als europäische als auch als deutsche Macht neutralisiert und bildete einen Puffer zwischen der französischen und der russischen Einflusszone.

Aus den abgetretenen preußischen Gebieten formte Napoleon neue Staaten nach französischem Vorbild, die durch Herrscher seiner Wahl regiert werden sollten. Das Königreich Westfalen und die Großherzogtümer Berg und Frankfurt entstanden auf diese Weise über alle Tradition und bisherigen Grenzziehungen hinweg. (▶ M 6) Durch die persönliche Auswahl der neuen Herrscher sicherte sich Napoleon dabei einen direkten Einfluss auf diese Gebiete.

Damit war die Neuordnung des alten Reichsgebietes abgeschlossen und eine Dreiteilung vollzogen. Den zwei besiegten und allein agierenden Monarchien Preußen und Österreich standen nun die Rheinbundstaaten als Teil des Systems französischer Vorherrschaft in Europa gegenüber.

In den deutschen Gebieten wurde diese Entwicklung sehr unterschiedlich wahrgenommen. Einige, vorwiegend Intellektuelle und Angehörige des Bürgertums, begrüßten die Veränderungen und die Herrschaft Napoleons. Sie erhofften, wichtige Errungenschaften der Französischen Revolution, in der durch ihn gemäßigten Form, nun auch in ihrer Heimat verwirklicht zu sehen. Ihnen galt das zersplitterte alte Reich mit seinen Hunderten Zollgrenzen ohnehin als veraltet und seine Auflösung als notwendig. Die Mehrheit der Bevölkerung hingegen verhielt sich abwartend und passiv. Offener Widerstand war kaum zu beobachten. Gegner Napoleons, die seinen Machthunger, seine Herkunft und seine Kriegspolitik beklagten, bildeten schließlich eine dritte und im Zuge der politischen Entwicklungen stetig wachsende Gruppe.

2 Der Friedensvertrag von Lunéville vom 9. Februar 1801, der im Wesentlichen die Bedingungen des Friedens von Campo Formio (1797) bekräftigte

Seine Majestät der Kaiser und König von Ungarn und Böhmen und der Erste Konsul der französischen Republik im Namen des französischen Volkes haben, da beide gleichermaßen das Herzensbedürfnis empfinden, dem Unheil des Krieges ein Ende zu setzen, sich entschlossen, zum Abschluß eines endgültigen Friedens- und Freundschaftsvertrages zu schreiten. Da die genannte kaiserliche und königliche Majestät nicht weniger lebhaft wünscht, das deutsche Reich an den Wohltaten des Friedens teilhaben zu lassen, die gegenwärtigen Umstände aber nicht die Zeit lassen, die notwendig ist, daß das Reich konsultiert werde und durch seine Vertreter an den Verhandlungen teilnehme, da die genannte Majestät außerdem das im Auge behält, dem die Reichsdeputation auf dem früheren Kongreß von Rastatt zugestimmt hatte, hat sie beschlossen, am Beispiel dessen, was in vergleichbaren Fällen geschehen ist, im Namen des deutschen Reiches zu handeln. […]

Art. I: In aller Zukunft wird zwischen Seiner Majestät dem Kaiser und König von Ungarn und Böhmen, der sowohl in seinem Namen wie in dem des deutschen Reiches handelt, und der französischen Republik Friede, Freundschaft und gutes Einvernehmen herrschen. Die genannte Majestät verpflichtet sich dafür zu sorgen, daß dies genannte Reich dem gegenwärtigen Vertrag in guter und richtiger Form die Ratifikation gibt […]

Art. II: Die Abtretung der früher belgischen Provinzen an die französische Republik, die im Artikel III des Vertrages von Campo-Formio bestimmt war, wird hier auf die entschiedenste Weise erneuert […]

Art. VI: Seine Majestät der Kaiser und König ist in seinem eigenen Namen wie in dem des deutschen Reiches einverstanden, daß die französische Republik von nun an in voller Souveränität und in vollem Eigentum die Lande und Herrschaften auf dem linken Rheinufer, die Teil des deutschen Reiches waren, besitze, so daß in Übereinstimmung mit den Beschlüssen, denen die Reichsdeputation auf dem Kongreß zugestimmt hat und was vom Kaiser gebilligt war, von nun an die Mitte des Rheinbettes die Grenze zwischen der französischen Republik und dem deutschen Reich bildet, und zwar von der Stelle an, an welcher der Rhein das helvetische Territorium verläßt, bis zu der, an der er in batavisches [niederländisches] Gebiet eintritt. Infolgedessen verzichtet die französische Republik in aller Form auf jeden Besitz auf dem rechten Rheinufer und ist bereit, den früheren Besitzern Düsseldorf, Ehrenbreitstein, Philippsburg, das Fort Cassel und andere Befestigungen gegenüber von Mainz auf dem rechten Ufer zurückzugeben,[…]

Art. VII: Und da im Zuge der Abtretung, die das Reich an die französische Republik macht, mehrere Fürsten und Stände des Reiches besonders, ganz oder teilweise sich enteignet finden, es aber Sache des deutschen Reiches ist, die aus den Bestimmungen dieses Vertrages hervorgehenden Verluste gemeinsam zu tragen, ist zwischen Seiner Majestät dem Kaiser und König, sowohl in seinem eigenen Namen wie in dem des Reiches, und der französischen Republik vereinbart worden, daß [...] das Reich gehalten sein soll, den Reichsständen, die auf dem linken Ufer des Rheines enteignet worden sind, eine Entschädigung zu geben aus dem Bestand des genannten Reiches entsprechend den Abmachungen, die auf dieser Basis später festgelegt werden [...]

Wolfgang Lautemann u. Manfred Schlenke, Amerikanische und Französische Revolution, München 1981 (Geschichte in Quellen Bd. 4), S. 545 f.

3 Glückwünsche des deutschen Reichsfürsten von Leiningen zur Kaiserkrönung Napoleons am 1. Juni 1804

Dieses Fürstentum war 1803 von Napoleon gegründet worden. Bereits 1806 wurde es mit seinem Einverständnis zwischen Baden und Bayern aufgeteilt.

Sire!

Die Berühmtheit, die sich niemals hinsichtlich der großen Männer täuscht, läßt uns die Erhebung Eurer Majestät zur kaiserlichen Würde erfahren. Frankreich, das Sie glücklich gemacht haben, und der europäische Kontinent, dem Sie den Frieden zurückzugeben bemüht sind, werden genügend von Ihrem Ruhm sprechen. Wir, die wir von zärtlichen Gefühlen bewegt und seit dem denkwürdigen Reichsdeputationshauptschluß durch Ihre Wohltaten überhäuft worden sind, vereinigen unsere Glückwünsche mit denen Ihrer berühmten Wähler und sprechen die Sprache, die Ihrem Herzen so teuer ist: die Sprache der Dankbarkeit. Geruhen Sie die Versicherung des tiefsten Respekts zu genehmigen, mit dem wir sind, Sire, Eurer kaiserlichen Majestät untertänigste und gehorsamste Diener der regierende Fürst von Leiningen, der Erbprinz von Leiningen

Eckhard Kleßmann, Deutschland unter Napoleon in Augenzeugenberichten, 2. Aufl. München 1982, S. 31.

4 Deutschland in seiner tiefsten Erniedrigung

Im Juni 1806 gibt der Buchhändler und Verleger Johann Friedrich Palm eine anonyme Broschüre mit dem Titel: „Deutschland in seiner tiefsten Erniedrigung“ heraus. Auf Napoleons persönlichen Befehl wird der Herausgeber verhaftet und hingerichtet.

[...] Zwei Königreiche und ein Kurfürstentum tragen die große französische Armee mit allen ihren unbeschreiblichen Lasten nicht zum Schutze, sondern zum völligen Umsturz des deutschen Reichs. Nicht zufrieden, zwei großen Fürsten ihre Kronen um unzählige Millionen, die der Unterhalt französischer Kriegsscharen den bejammernswürdigen Völkern und Untertanen wegfrißt, verkauft zu haben, nicht zufrieden, über die Hälfte der deutschen Kriegsmacht gebieten zu können, nicht zufrieden, seinen Schwager als Herzog von Berg und Kleve mit deutschen Ländern versehen und mit Sitz und Stimme in die Reichsversammlung erhoben zu haben, nicht zufrieden, seinen Oheim, [Kardinal] Fesch, an der Spitze des Kurfürstlichen Kollegiums und mitten im Schoße Deutschlands zu wissen, entwirft der jüngste aller europäischen Regenten, bloß weil er der kühnste ist, an dem das alte Sprichwort „Audaces fortuna iuvat“ [Den Kühnen hilft das Glück] in Erfüllung gegangen, bemerkt es, liebe Deutsche, dort wo seit Jahrhunderten Pläne zum Untergang unseres Vaterlandes geschmiedet und die Mordfackel so oft angezündet worden, im treulosen Pariser Kabinette, entwirft Napoleon, dessen schimpflicher Oberherrschaft unsere Fürsten wie schlaftrunken zusehen, eine neue deutsche Staatsverfassung, und damit es ja weder klein noch groß unter uns in den Sinn kommen möge, dieses neue französische Joch abzuschütteln, läßt er seine Heere im ohnmächtigen Deutschland zu Hunderttausenden stehen. Zwei der mächtigsten europäischen Höfe auf deutschem Boden, der eine im Feld, der andere im Kabinett treulos bedient, als ob Frankreichs Herrscher ihnen den Taumelkelch gereicht hätte, nehmen in dieser höchst wichtigen Angelegenheit die Miene der Gleichgültigkeit an. Völlig gewinnt es das Ansehen, als hätten Franz und Friedrich Wilhelm vergessen, daß sie über Millionen beherzte, mutvolle, mannfeste, ehrliche Deutsche gebieten; vergessen, daß sie Deutschlands rechte und linke Hand sind, die nur winken darf, so ist der ganze Körper in Bewegung; vergessen, daß der französische Sultan aus deutschen Fürsten tributpflichtige [...] zu machen gedenkt und dazu bereits alle Anstalten trifft. Wie vielen Helden unter den Kais. Österreichischen, Königlich Preußischen, Kursächsisch und Hessischen Armeen, aus fürstlich-gräflich-ritterlichen Häusern und Familien schlägt noch heute das Herz so heroisch als ihren Urahnherren? Können diese die Schmach ihrer eignen sowie des ganzen deutschen Vaterlandes Erniedrigung ohne sich an dem Unterdrücker gerächet zu haben überleben? Sollte diesem Kern der germanischen Nation Freiheit nicht heiliger als das Leben selbst sein? Nein, Erhabene, Eure Weisheit, Euer Mut hält noch wie ein Anker das schwankende Schiff unsrer Hoffnung. Gehet als Vormünder der ganzen deutschen Menschheit zu Franz und Friedrich Wilhelm, zu Friedrich August [Kurfürst von Sachsen] und Wilhelm [Kurfürst von HessenKassel] und sagt ihnen, daß die Nation nur ihren Aufruf erwarte, und ihr Anblick im Harnisch wird des Feindes Schrecken, im Kampfe sein Untergang sein.

Eckhard Kleßmann, Deutschland unter Napoleon in Augenzeugenberichten, 2. Aufl. München 1982, S. 89 f.

5 Die Rheinbundakte vom 12. Juni 1806

Art. 1. Die Staaten Ihrer Majestäten der Könige von Baiern, und von Würtemberg, Ihrer Durchlauchten der Kurfürsten Erzkanzler und von Baden, des Herzogs von Berg und Kleve, des Landgrafen von Hessen-Darmstadt, der Fürsten von Nassau-Usingen, und Nassau-Weilburg, von Hohenzollern-Hechingen und Hohenzollern-Sigmaringen, von Salm-Salm und Salm-Kyrburg, des Fürsten von Ysenburg-Birstein, des Herzogs von Ahremberg, des Fürsten von Lichtenstein, und des Grafen von der Leyen, werden auf ewig von dem Territorium des deutschen Reichs getrennt, und unter sich durch eine besondere Konföderaon unter dem Namen: „Rheinische Bundesstaaten“, vereinigt. [...]

Art. 3. Jeder der konföderirten Könige und Fürsten wird auf jene seiner Titel, welche irgend einen Bezug auf das deutsche Reich ausdrücken, Verzicht leisten, und am ersten des nächsten Monats August dem Reichstage seine Trennung von dem deutschen Reiche anzeigen lassen. [...]

Art. 5. Ihre Durchlauchten der Kurfürst von Baden, der Herzog von Berg und Kleve, und der Landgraf von Hessen-Darmstadt nehmen den Titel: Großherzoge an; sie genießen die der königlichen Würde anklebenden Rechte, Ehren und Vorzüge. [...]

Art. 6. Die gemeinschaftlichen Interessen der verbündeten Staaten werden auf einem Bundestage verhandelt, dessen Sitz Frankfurt ist, und der sich in zwey Kollegien theilt, nämlich das Kollegium der Könige, und das Kollegium der Fürsten.

Art. 7. Die Fürsten müssen nothwendig von jeder, der Konföderation fremden Macht unabhängig seyn, und können daher keine Dienste irgend einer Art anderswo annehmen, als in den verbündeten, oder mit der Konföderation. allliirten Staaten. [...]

Art. 12. Seine Majestät der Kaiser der Franzosen wird zum Protektor des Bundes proklamirt [...]

Art. 25. Ein jeder der konföderirten Könige und Fürsten soll die in seinen Besitzungen inklavirten ritterschaftlichen Güter mit voller Souverainität besitzen. Die zwischen zwei konföderirten Staaten gelegenen Rittergüter sollen in Ansicht auf die Souverainität zwischen diesen Staaten, in so gleiche Theile als möglich, getheilt werden, jedoch dergestalt, daß weder eine Zerstückelung noch Gebiethsvermischung daraus entstehe.

Art. 26. Die Rechte der Souverainität bestehen in der Gesetzgebung, in der hohen Jurisdiktion, der hohen Polizey, in der militärischen Konscription oder Rekrutirung, und in dem Rechte der Auflagen.

Art. 27. Ein jeder der jetzt regierenden Fürsten oder Grafen behält als Patrimonial- und Privateigenthum, alle Domainen, die er gegenwärtig besitzt, ohne Ausnahme; eben so alle Herrschafts- und Feudalrechte, welche nicht wesentlich mit der Souverainität verknüpft sind, namentlich die Rechte der mittlern und niedern Civil- und Kriminal-Gerichtsbarkeit, die Forstjurisdiktion und Polizey, das Jagd- und Fischerey-Recht, die Berg- und Hammerwerke, die Zehnten, die Feudalgefälle, Patronats-Rechte und andere ähnliche, so wie die aus diesen Domainen und Gerechtsamen entspringenden Einkünfte. [...]

Art. 28. In Kriminalsachen genießen die jetzt regierenden Fürsten und Grafen, und ihre Nachfolger das Austrägalrecht, d.i., von ihren Ebenbürtigen gerichtet zu werden, und in keinem Falle kann die Konfiskation ihrer Güter ausgesprochen werden oder Statt haben. Allein die Einkünfte können während der Lebenszeit des Verurtheilten sequesirirt werden. [...]

Art. 35. Zwischen dem Kaiser der Franzosen und den Staaten des rheinischen Bundes insgesammt und einzeln genommen, soll eine Allianz Statt haben, kraft welcher jeder Kontinental-Krieg, welchen einer der kontrahirenden Theile zu führen hätte, für alle Andere zur gemeinsamen Sache wird. [...]

Art. 38. Das von jedem der Alliirten im Falle eines Krieges zu stellende Kontingent ist festgesetzt, wie folgt: Frankreich stellt 200000 Mann, von jeder Waffengattung; das Königreich Baiern 30000, von jeder Waffengattung; das Königreich Würtemberg 12000; der Großherzog von Baden 8000; der Großherzog von Berg 5000; der Großherzog Von Darmstadt 4000; der Herzog und der Fürst von Nass stellen mit den andern verbündeten Fürsten ein Kontingent von 4000 Mann.

D: Königlich-Baierisches Regierungsblatt vom 17. Januar 1807 Sp. 102–08, 124–126, 130–132. Zit. nach: Walter Demel u. Uwe Puschner, Von der Französischen Revolution zum Wiener Kongreß 1789–1815, Stuttgart 1995 (Deutsche Geschichte in Quellen und Darstellungen Bd. 6), S. 108–112.

6 Der deutsche Schriftsteller Christoph Martin Wieland anlässlich der Einrichtung der Staaten Berg und Westfalen am 17. März 1806

Was aus Deutschland, dessen Verfassung täglich barockischer und verworrener aussieht, am Ende werden soll und kann, ist noch immer ein schwer aufzulösendes Rätsel. Das gewisseste ist, daß die Gestalt, unter welcher Deutschland künftig unter den europäischen Reichen figurieren wird, gänzlich von Napoleons Willkür und Diskretion abhängt, daß er mit uns nach seiner Konvenienz schalten und walten kann und daß wir [...] keine andre Wahl haben, als uns entweder (wie bisher) unter seine gewaltige Hand zu demütigen oder zu gewärtigen, daß das nördliche Deutschland das Schicksal des südlichen erfahren und den jammervollen Schauplatz eines Kriegs abgeben würde, dessen schmählichen und unseligen Ausgang wir mit trostloser Gewißheit voraussehen könnten. Zwischen dieser Alternative schweben wir zwar, wie gesagt, noch in einer Art von Ungewißheit; doch scheint es immer wahrscheinlicher zu werden, daß man es für ratsamer hält, sich der eisernen Notwendigkeit lieber mit guter Art zu unterwerfen, und ein wenigstens für den Moment leidliches, wiewohl auf Kosten der Ehre und Gerechtigkeit getroffenes Arrangement einem zwar rühmlichen, aber ebenso vergeblichen als verderblichen Widerstand vorziehen wird. Wir andern Weimaraner, die überhaupt bei allem diesen in keine Betrachtung kommen und in jedem Fall nichts zu gewinnen, im schlimmsten hingegen alles zu verlieren haben, schmeicheln uns also, daß wir Friede behalten und somit unsrer prekären kleinen Existenz noch, eine Zeitlang wenigstens, genießen werden.

Eckhard Kleßmann, Deutschland unter Napoleon in Augenzeugenberichten, 2. Aufl. München 1982, S. 70 f.

Arbeitsvorschläge:

1. Vergleichen Sie die Karten von 1789 und 1812 (Umschlaginnenseite) und schildern Sie Ihre Beobachtungen vor dem Hintergrund der Ausführungen im Text. Vergleichen Sie anschließend mit einer aktuellen Karte und schildern Sie Ihre Beobachtungen.
2. Erarbeiten Sie in eigener Recherche (vgl. Literaturverzeichnis im Online-Link) die politischen Veränderungen in Europa vom Ende der 1790er-Jahre bis 1812. Fassen Sie diese in einem Kurzreferat zusammen.
3. Der Historiker Thomas Nipperdey beginnt eines seiner Werke zur neueren deutschen Geschichte mit dem Satz: „Am Anfang war Napoleon". Diskutieren Sie diese Aussage.
4. Beschreiben Sie die Auswirkungen des Friedens von Lunéville auf die Besitzverhältnisse im Reich und dessen Folgen für das Ansehen Franz II. als Kaiser. (M 2)
5. Untersuchen und beurteilen Sie die Stellung der deutschen Staaten im Rheinbund gegenüber Napoleon vor dem Hintergrund der Rheinbundakte. (M 5)
6. Untersuchen Sie die Quelle Palms auf ihre sprachlichen Mittel zur Bewertung der politischen Lage hin und hinterfragen Sie seine Bewertungen. (M 4)
7. Beschreiben Sie die jeweilige Sicht auf die Ereignisse, die der Fürst von Leiningen, der Buchhändler Palm und der Schriftsteller Wieland in den Quellen zum Ausdruck bringen. Vergleichen Sie anschließend und überlegen Sie Gründe für Unterschiede oder Übereinstimmungen. (M 3, M 4, M 6)

5 Die Folgen der Neuordnung in den deutschsprachigen Gebieten

5.1 Die Rheinbundstaaten

Die territorialen Erweiterungen der Jahre 1803 und 1806 stellten die Verbündeten Frankreichs vor drei große Herausforderungen. Die Fürsten und ihre Minister mussten zunächst eine Vielzahl vorher verschieden verwalteter und rechtlich organisierter Gebiete zu einem neuen Ganzen umgestalten. Dabei mussten sie alte und neue Untertanen, die ggf. verschiedenen Konfessionen angehörten und verschiedene Traditionen hatten, dazu bringen, die neue Ordnung zu unterstützen. Neben dieser inneren Aufgabe wurden durch Napoleon Forderungen gestellt, die hauptsächlich die Ausrüstung und den Unterhalt von Truppen unter seinem Befehl umfassten. Vertraglich waren insgesamt ca. 130 000 Mann zugesichert, die dem Kaiser der Franzosen schließlich nach Spanien und Russland folgten. Da die Rheinbundstaaten aber auch noch Soldaten zur Landesverteidigung benötigten, mussten sie größere Armeen aufstellen und finanzieren als jemals zuvor. Eine dritte Herausforderung stellte die Sorge dar, dass Napoleon versuchen könnte, immer mehr Einfluss auf die Mitglieder des Rheinbundes zu erhalten, wenn diese nicht schnell selbst an Stärke gewannen.
Dieser mehrfache Reformdruck traf im Inneren der Staaten auf einen Reformwillen der meisten Fürsten und Eliten, welche ohnehin versucht hatten, ihre Staaten effizienter zu machen. Ihnen boten sich nun als Vorbild die Maßnahmen Napoleons in Frankreich an, deren Umsetzung sie auf dem linken Rheinufer auch in deutschsprachigen Gebieten beobachten konnten. Die Leistungsfähigkeit und Überlegenheit des französischen Systems hatte sich in der Konfrontation mit allen europäischen Mächten bewiesen. Es bot die Möglichkeit, den Untertanen populäre Rechte zu gewähren, die Wirtschaft zu fördern und zugleich die Staatsgewalt in stärkerem Maße auszuüben als zuvor. Die einzelnen Fürsten und Minister entschieden nun, welche Teile ihres Staates sie in alter Ordnung belassen, welche sie dem französischem Vorbild anpassen oder welche sie nach eigenen Konzepten gestalten würden. Einige Gebiete, wie Mecklenburg und Sachsen blieben dabei weitgehend ihrer alten Ordnung treu, während andere, vornehmlich im Südwesten, umfangreiche Neuerungen vornahmen. Trotz gewisser Unterschiede waren dabei folgende Tendenzen zu erkennen:
Im Mittelpunkt stand zunächst eine neue zentral gelenkte Verwaltungsorganisation, welche ein nach Leistung befördertes Beamtentum nutzte, um die Interessen des Staates in den einzelnen Landesteilen gegen lokale Stände und Einzelinteressen durchzusetzen. Die Stände wurden dabei als lokale Herrschaftsträger entmachtet.
Zur einheitlichen Verwaltung kam ein gleiches Recht für alle Untertanen in den jeweils alten und neuen Landesteilen. Hier bot der Code Napoléon ein Vorbild, das bspw. in Baden direkt umgesetzt wurde. (▶ M2) Die meisten anderen Staaten modifizierten jedoch dieses Gesetz oder lehnten eigene Werke daran an, so dass es nicht in Konflikt mit der weiterhin monarchischen Staatsordnung stand. Dennoch blieben zentrale Errungenschaften der Revolution, wie Gewissensfreiheit, religiöse Toleranz, Aufhebung alter Privilegien und Gleichheit vor dem Gesetz in Abstufungen erhalten. (▶ M3) Neben der Vereinheitlichung sollte durch diese Gesetze und den dadurch garantierten Schutz von Eigentum die Entwicklung der Wirtschaft gefördert werden.
Weitere Maßnahmen unterstützten dieses Vorhaben. Die Steuern wurden vereinfacht und vereinheitlicht, die Zünfte wurden aufgehoben und Staatsbetriebe gegründet. Trotz dieser Maßnahmen standen aber mehrere Mitglieder des Rheinbundes angesichts der Kosten für Soldaten und Verpflegung mehrmals kurz vor einem Staatsbankrott. Diese Gefahr nahm durch die Folgen der in Kapitel 6 beschriebenen Kontinentalsperre in einigen Gebieten stetig zu.
Ein besonders weites Reformfeld stellt der stärkere Zugriff des Staates auf das Leben der Untertanen und bisher eigenständige Institutionen dar. Die Besitztümer der Kirchen wurden beschlagnahmt und ihre Handlungen, wie bspw. die Eheschließung, unterlagen fortan einer staatlichen Kontrolle. Dies galt ebenso für das

1 Tiddy Doll, der große Pfefferkuchenbäcker, zieht ein neues Blech Könige aus dem Ofen.
Englische Karikatur von James Gilray, 1806.

Schulwesen, welches nun zur Erziehung guter Staatsbürger genutzt werden sollte. Institutionelle Verbindungen der Adeligen wurden, wie auch bürgerliche Ständeversammlungen, aufgehoben, so dass die staatliche Verwaltung auch auf lokaler Ebene ohne Konkurrenz stand. Zugleich - gewissermaßen als Gegenpol - beschränkten und berechtigten die Reformer die neuen staatlichen Kompetenzen durch frühe Formen von Verfassungen, welche den Monarchen und seine Regierung, bspw. in Bayern 1808 an geschriebenes Gesetz banden.
Durch die Wehrpflicht, welche zum Aufstellen der geforderten Truppen unerlässlich war, und Polizeisysteme nach französischem Vorbild manifestierte sich das neue staatliche Durchgreifen im Alltag der Bürger, die gezwungen waren, für die Interessen ihres Fürsten an Feldzügen Napoleons teilzunehmen.
Insgesamt bleibt festzuhalten, dass in einigen der Rheinbundstaaten eine stärkere staatliche Kontrolle als zuvor etabliert wurde, zugleich den Untertanen aber neue Rechte gesetzlich zugestanden wurden, die gerade im Hinblick auf die Entstehung früher Verfassungen im 19. Jahrhundert grundlegend werden sollten.

2 Der bayerische Staatsrat und Jurist Anselm Feuerbach über die Einführung des Code Napoléon

Das schwankende zweideutige System des Gleichgewichts der europäischen Staaten ist dem System des entscheidenden Übergewichts, welches jetzt seiner Vollendung naht, gewichen. Das westliche Europa bildet ein System konföderierter Staaten, die sich im ihren Mittelpunkt Frankreich vereinigen. Dieser Verein ist im Sinne seines Stifters nicht ein bloßer Völkerbund, der durch das äußere Band der Verträge lose zusammengehalten wird, sondern ein wahres Staatensystem, welches zugleich innerlich verknüpft ist, und in welchem Frankreich, als der durch physische und geistige Macht überwiegende Staat, mit den Rechten des Protektorats bekleidet, den letzten Schlußstein bildet. Ein solches System kann nur dadurch Konsistenz gewinnen, daß alle konföderierten Staaten in ihrer äußeren Form, in den Hauptgrundsätzen der Staatsverfassung und Verwaltung, sowie in den Prinzipien der Gesetzgebung, welche auf den Völkerverkehr Einfluß haben, sich dem Hauptstaate assimilieren, und dadurch sowohl unter sich als im Verhältnisse zu diesem Protektorstaate jene Gleichförmigkeit herstellen, ohne welche ein steter Konflikt, eine ewige, dem Ganzen Gefahr drohende Reibung, eine unversöhnliche innere Feindseligkeit der Elemente die ruhige Einheit des Systems untergraben und zerrütten würde.

Alleruntertänigster Einleitungsvortrag des bürgerliche Gesetzbuch für das Königreich Bayern oder die Frage betreffend: Was ist Bayerns Absicht bei seiner neuen Gesetzgebung? 8. November 1809. In: Elisabeth Fehrenbach, Der Kampf um die Einführung des Code Napoleon in den Rheinbundstaaten, Wiesbaden 1973, S,. 11 f.

3 Deklaration des bayerischen Königs Max Joseph über das Verhältnis der in seinem Herrschaftsbereich mediatisierten Adligen zum Staat vom 19. März 1807

A. Allgemeine persönliche Vorzüge, Rechte und Verbindlichkeiten der mediatisierten Fürsten, Grafen und Herren.
1. Den Unserer Souveränität untergebenen Fürsten, Grafen und Herren werden alle jene persönliche Vorzüge und Rechte zugesichert, welche der ersten Klasse des Adels in Unserem Königreiche wirklich zustehen, oder welche diesen künftig werden ertheilet werden.
2. Es ist ihnen gestattet, den Titel fortzuführen, welchen sie vor ihrer Unterwerfung gehabt haben, jedoch mit Weglassung aller jener Beysäze und Würden, welche ein vormaliges Verhältniß zu dem deutschen Reiche ausdrücken, oder welche sie als Regenten des Landes bezeichnen. [...]
5. Wir werden ein zwar ausgezeichnetes, jedoch ihren gegenwärtigen Verhältnissen angemessenes Kanzley-Zeremoniel gegen sie beobachten lassen. In den Erlaßen Unserer oberen Landes-Stellen an die mediatisirten Herren selbst soll ihnen das Prädikat: Herr, (dem Herrn Fürsten Grafen) gegeben werden. In ihren Schriften, die entweder an Uns, an Unsere Ministerien, oder an Unsere übrigen höheren Landes-Stellen gerichtet sind, müssen sie nach dem Unseren Unterthanen vorgeschriebenen Zeremoniel sich achten.
6. Nach dem Kirchen-Gebete für den Souverain kann dasselbe auch für die mediatisirten Fürsten, Grafen und Herren in den Kirchen ihrer Wohnorte entrichtet werden. Ein Gleiches wird auch in ihren Wohnorten in Ansehung des Trauergeläutes gestattet. [...]
9. In allen sie betreffenden Real- und Personal-Klagen haben sie ein privilegirtes Forum in erster Instanz bey dem einschlägigen Hofgerichte, in zweyter und letzter Instanz bey dem einschlägigen obersten Justiz-Tribunal. [...]
B. Auswärtige Verhältnisse.
1. Die repräsentative Gewalt gegen andere Staaten kömmt einzig dem Souverain zu. [...]
C. Allgemeine Oberaufsicht und Gesez-Gebung.
1. Die allgemeine Oberaufsicht, so wie die allgemeine Gesezgebung des Souverains erstrecket sich über alle Landes Angelegenheiten, und kömmt allein dem Souverain zu.
2. Den mediatisirten Fürsten und Grafen verbleibt nur die Befugniß, Reglements und Verfügungen über Gegenstände zu erlassen, welche die Verwaltung ihrer [...] Eigenthums-Rechte betreffen. Diese dürfen aber in keinem Falle den allgemeinen Gesezen entgegen seyn. [...]
D. Staats-Justiz-Gewalt.
1. Wenn die subjicirten Fürsten und Grafen die niedere und mittlere Gerichtsbarkeit in bürgerlichen und peinlichen Fällen hergebracht haben, soll ihnen dieselbe als erste und respektive zweyte Instanz, [...] verbleiben. [...]
E. Staats-Polizey-Gewalt.
1. Die obere Polizey im Allgemeinen kömmt dem Souverain zu, und wird von der einschlägigen oberen administrativen Landesstelle entweder unmittelbar oder aus besonderem Auftrage durch einen Kommissär ausgeübt.
2. Die gewöhnliche untere Polizey verbleibt dem mediatisirten Herrn, welcher solche durch seine nachgeordnete Beamte, jedoch nur nach Unseren Gesetzen, auszuüben befugt ist. In so weit ihm die Polizey zusteht, kann er seine Beamte über Gegenstände derselben mit Bericht vernehmen, und auf die Berichte nach dem Sinne der allgemeinen Landesgeseze Resolutionen ertheilen. [...]
F. Staats-Kirchen-Gewalt.
1. [...] die geistlichen Obrigkeiten müssen die in Kirchen-Polizey-Sachen erlassenen Verordnungen des Souverains vollziehen, und für ihre Beobachtung wachen. [...]
H. Staats-Finanz-Gewalt, [...]
1. Alle aus dem Unterthans- Verbande zeither entrichtete oder künftig zu entrichtende Abgaben und Landessteuern fließen in Unsere Staatskasse. [...]

Königlich Baierisches Regierungsblatt XIII Stück vom 28. März Sp. 467–476 u. 479–485.

Arbeitsvorschläge:

1. Beschreiben Sie die Vorteile und Möglichkeiten, welche die Neuordnung durch Napoleon für die deutschen Fürsten bot. Vergleichen Sie dazu auch Kapitel 4.
2. Interpretieren Sie die Karikatur von James Gillray und diskutieren Sie seine Beurteilung der politischen Stellung der deutschen Fürsten. (M 1)
3. Schildern Sie die Befugnisse, welche den mediatisierten Adligen innerhalb der Rheinbundstaaten verblieben, anhand des bayerischen Beispiels. Vergleichen Sie vor dem Hintergrund der Quelle die damalige mit der vorherigen und der heutigen Gesellschaftsordnung. (M 3)
4. Fassen Sie die Maßnahmen der deutschen Landesherren zur Durchsetzung ihrer Herrschaftsansprüche zusammen. Vergleichen Sie diese anschließend mit den Reformen Napoleons in Frankreich (Kapitel 3)
5. Spielen Sie ein Gespräch über die politische Entwicklung in den neugeformten deutschen Staaten zwischen einem Reichsritter, dessen Land mediatisiert wurde, einem Zunftbürger, dessen Zunft aufgelöst wurde, und einem Beamten in der neuen Staatsverwaltung. Lassen Sie die Rollen Vor- und Nachteile der Entwicklung für sich und die jeweils anderen diskutieren.

5

5.2 Das Königreich Westfalen – die Erfindung eines Staates

Nachdem der Frieden mit Russland bei Tilsit geschlossen worden war, befahl Napoleonn aus denjenigen Gebieten, welche von Preußen und anderen Ländern abgetreten wurden, einen neuen Staat namens Westfalen zu gründen. Dieses Herrschaftsgebilde, in dem einige kleinere Herrschaftsgebiete – wie Braunschweig – völlig aufgingen, sollte eine verfassungsgebundene Monarchie nach französischem Vorbild werden, deren Krone Mitgliedern seiner eigenen Familie reserviert war. Das neue Königreich hatte ca. 2,5 Millionen Untertanen, die vorher unter verschiedenen Fürstenfamilien, Verwaltungen und Gesetzen gelebt hatten.
Mit der Neugründung verfolgte Napoleon mehrere Zwecke, die Teil seiner Politik einer französischen Vorherrschaft in Europa waren. Der Staat Westfalen sollte militärisch als Rekrutierungs- und Versorgungsgebiet seiner Armee dienen und durch Festungen die Ostgrenze seines Einflussbereiches sichern. Auch sollten verdiente Offiziere mit Landbesitz in Westfalen belohnt und im Alter versorgt werden. Darüber hinaus plante Napoleon, das neue Land zu einem Musterstaat zu machen, der die zentralen französischen Reformen nachahmen und ihre Vorteile für die deutsche Bevölkerung verdeutlichen sollte. Westfalen wäre insofern eine „Visitenkarte" der positiven Errungenschaften napoleonischer Politik, die auf die anderen Rheinbundstaaten wirken könne.
Die Krone gab der Kaiser seinem jüngsten Bruder Jerôme. Noch bevor jener überhaupt sein Königreich betrat, erhielt er von Napoleon bereits detaillierte Anweisungen, welche Reformen auf welche Weise durchzuführen seien, damit Westfalen zu einem einheitlichen Staat werde, der seinen Zweck im Staatssystem erfülle. Grundlage dessen war die von Napoleon und einigen Beratern ausgearbeitete Verfassung. Hier wurden die Aufhebung der Leibeigenschaft, die freie Religionsausübung, die Aufhebung adliger Privilegien und die Mitwirkung von Grundbesitzern und vermögenden Bürgern an der Gesetzgebung festgelegt. Daneben wurde vorgeschrieben, ein Heer von 25 000 Mann für Feldzüge Napoleons bereitzustellen und Rechtsprechung und Verwaltung an das französische System anzugleichen.
Zu diesem Zweck wurde auf Befehl des Kaisers der Code Napoléon allein gültiges Gesetz in Westfalen. Dies war problematisch, da viele der dort erwähnten Institutionen noch gar nicht eingerichtet waren. Der spätere Aufbau der nötigen Einrichtungen, wie beispielsweise die Gründung eines zentralen obersten Gerichtshofes in der Hauptstadt Kassel, trug dann aber schließlich zur Vereinheitlichung des Landes bei.
Diese Tendenz wurde durch die Angleichung von Maßen, Gewichten und der Währung an das französische System unterstützt. Anstelle von vorher vierzehn in Westfalen akzeptierten Währungen galt nun nur noch der Franc.
Die Verwaltung wurde nach Departements gegliedert, an deren Spitze Präfekten standen. Jene hatten auch die Aufsicht über die Schulen und Universitäten des Landes inne.
Bei der Durchführung dieser Reformen blieb König Jerôme an die Anweisungen seines Bruders gebunden, da er gemäß der Verfassung stets dem Oberhaupt seiner Familie gehorchen musste. Dennoch nahm Jerôme als König feierliche Huldigungen durch seine Untertanen entgegen, ließ sein Wappen an Wegkreuzungen und auf Marktplätzen anbringen, unternahm prunkvolle Reisen, um sich dem Volk als König zu zeigen, verteilte Geschenke und nahm allen Soldaten einen Eid auf seine Person ab.

1 Jerôme Bonaparte, König von Westfalen mit Königin Katharina. Gemälde von François Josèphe Kinson, 1810.

Diesen Symbolen zum Trotz blieb Jerôme vom Willen Napoleons abhängig. Dies zeigte sich einerseits im Fehlen einer eigenen Außenpolitik Westfalens und andererseits in der ständig kritischen Finanzlage des Staates.
Bereits direkt bei seiner Thronbesteigung versuchte der König die Kontrolle über den Staatsschatz zu erhalten, die ihm Napoleon jedoch verweigerte. Die Gelder sollten eher dem französischen Militäretat, als Westfalen selbst nutzen. Das neue Königreich musste die Kriegsschulden seiner Vorgänger übernehmen und jedes Jahr Entschädigungen an Frankreich zahlen. Diese bildeten bei weitem den größten Posten im Staatshaushalt und schränkten den Spielraum des Monarchen erheblich ein. Dazu kam noch, dass Napoleon die westfälischen Gebiete, welche er an verdiente Gefolgsleute vergab, von der Steuer befreite und somit die Staatseinnahmen verringerte. (M 3, M 4)
Das Militärwesen verschlang außerdem einen erheblichen Teil der verbleibenden Einnahmen, da nicht nur die 25 000 Mann für Napoleons Feldzüge, sondern auch noch über 12 000 Mann französische Besatzungstruppen, speziell in der Festung Magdeburg, ausgerüstet, ernährt und bezahlt werden mussten.
Jerôme und seine Berater versuchten auf verschiedene Weise, das Staatsdefizit zu beheben, blieben aber weitgehend erfolglos. Dies hinderte aber den König nicht daran, seine fehlende tatsächliche Macht durch einen verschwenderischen Lebensstil auszugleichen. (▶ M 5) Jerôme gab häufig aufwendige Feste für die einheimische und

französische Führungsschicht, die ihm bei seinen Untertanen den Namen „König Lustig" eintrugen. Bei solchen Festen waren aufwendige Kostüme, stets neuer Schmuck, Geschenke für die Gäste, Musik, Theater und Feuerwerk üblich. Der König hatte bei diesen Gelegenheiten zahlreiche Affären, wobei er einige seiner Partnerinnen mit staatlichen Pensionen versah. All dies ließ das Budget des Königs zum größten Ausgabenposten nach den Zahlungen an Frankreich werden.
Dieser Luxus diente Napoleon auch als Grund, die immer wieder vorgebrachten Beschwerden seines Bruders über die Finanzen Westfalens abzuweisen. Jerôme musste sich um neue Steuern und strengere Maßnahmen zu ihrer Eintreibung bemühen, die ihn bei seinen Untertanen unbeliebt machten. Sein Kabinett, das mehrheitlich von Franzosen besetzt war, unterstützte ihn dabei. Einige seiner Minister arbeiteten jedoch für Napoleon und meldeten jede Veränderung an den Kaiser, der jedwede finanzielle Verbesserung sogleich vereinnahmte.
Die deutschen Beamten, die Jerôme berief, mussten sich in den Behörden mit den französischen Experten arrangieren und sahen sich in ihren Kompetenzen eingeschränkt. Die in der Verfassung erwähnte Versammlung von ausgewählten Vertretern des Volkes, der Napoleon große Bedeutung zur Integration der lokalen Eliten beigemessen hatte, wurde unter Jerôme nur zweimal einberufen. Diese Versammlung stimmte den Reformen zur Vereinheitlichung des Landes zu, handelte aber bei den neuen Steuern Kompromisse mit dem Herrscher aus, die seine Einnahmen nur langsam wachsen ließen. Daraufhin verzichtete Jerôme auf ihre erneute Einberufung.
Im Land regte sich zunächst nur geringer Widerstand gegen die Herrschaft des neuen Königs. Es kam vereinzelt zu Bauernaufständen, die durch Offiziere der früheren Landesherren verstärkt und geführt wurden. Die Mehrheit, speziell der Bürger, versagten diesen oftmals chaotischen Erhebungen aber die Unterstützung, so dass sie von kurzer Dauer blieben und gewaltsam niedergeschlagen wurden.
In Reaktion darauf stellte Jerôme dennoch eine Geheimpolizei nach französischem Vorbild auf, deren intensive Nachforschungen und häufige Durchsuchungen seine Regierung noch unbeliebter machten. Als 1812 die westfälische Armee unter Napoleon nach Russland aufbrach und dessen Grande Armée durch das Land zog, stiegen die Steuern und Abgaben erneut. Die folgende Abwesenheit der Armee begünstigte weitere kleinere Unruhen, welche immer stärkere Zwangsmaßnahmen der Regierung provozierten.
Als von 25 000 Mann nur ca. 1 000 verwundete und traumatisierte Soldaten aus Russland zurückkehrten und Jerôme auf Befehl Napoleons sofort ein neues Heer aufstellte, zu dessen Versorgung Teile der Ernte und des Viehs beschlagnahmt werden mussten, verlor er die letzte Unterstützung seiner Untertanen. Es blieb zwar bei nur kleineren Unruhen, aber als 1813 russische Truppen in Westfalen einmarschierten, kapitulierten die Städte und viele neu einberufene Soldaten kämpften nun gegen Frankreich.

2 Treffen von Zar Alexander I. (links) und Napoleon I. (rechts) auf einem Floß auf dem Fluss Njemen
Gegenstand der Gespräche waren die Zukunft Preußens und die Schaffung des Königreichs Westfalen. Zeitgenössische Darstellung.

5

3 Ein Brief Napoleons an seinen Bruder Jerôme über dessen Herrschaftsbeginn in Westfalen vom 15. November 1807

Mein Bruder, beiliegend finden Sie die Verfassung Ihres Königreichs. Diese Verfassung enthält die Bedingungen, unter welchen ich auf alle meine Eroberungsrechte sowie die Rechte, die ich auf Ihr Land habe, verzichte. Sie müssen sie getreulich befolgen. Das Glück Ihres Volkes liegt mir nicht allein wegen des Einflusses am Herzen, den es auf Ihren und meinen Ruhm haben kann, sondern auch in Hinsicht auf die allgemeine europäische Politik. Hören Sie nicht auf die, die Ihnen sagen, Ihr an Knechtschaft gewöhntes Volk würde Ihre Wohltaten mit Undankbarkeit vergelten. Man ist im Königreich Westfalen aufgeklärter, als man Ihnen zugestehen möchte, und Ihr Thron wird in der Tat nur auf dem Vertrauen und der Liebe Ihrer Untertanen befestigt sein. Was aber das deutsche Volk am sehnlichsten wünscht, ist, daß diejenigen, die nicht von Adel sind, durch ihre Fähigkeiten gleiche Rechte auf Ihre Auszeichnungen und Anstellungen haben, daß jede Art Leibeigenschaft und vermittelnde Obrigkeit zwischen dem Souverän und der untersten Volksklasse aufgehoben werde. Ihr Königtum wird sich durch die Wohltaten des Code Napoléon, durch das öffentliche Gerichtsverfahren und die Einführung des Geschworenengerichts auszeichnen. Und wenn ich ganz offen sein soll, so rechne ich in bezug auf die Ausdehnung und Befestigung Ihres Reiches mehr auf deren Wirkung, als auf das Ergebnis der glänzendsten Siege. Ihr Volk muß sich einer Freiheit, einer Gleichheit, eines Wohlstandes erfreuen, die den übrigen Völkern Deutschlands unbekannt sind! Eine solche liberale Regierung muß auf diese oder jene Weise für die Politik des Rheinbundes und für die Macht Ihres Reiches die heilsamsten Veränderungen hervorbringen. Sie wird Ihnen eine mächtigere Schranke gegen Preußen sein als die Elbe, als alle Festungen und der Schutz Frankreichs. Welches Volk wird zu der willkürlichen preußischen Regierung zurückkehren wollen, wenn es einmal von den Wohltaten einer weisen und liberalen Verwaltung gekostet hat? Die Völker Deutschlands, Frankreichs, Italiens und Spaniens wünschen Gleichheit und aufgeklärte Ideen! Ich, der ich seit vielen Jahren die Angelegenheiten Europas in Händen habe, hatte oft Gelegenheit, mich zu überzeugen, daß das Murren der Privilegierten mit der Volksmeinung im Widerspruch stand. Seien Sie ein konstitutioneller König! Und wenn es Ihnen die Vernunft und Aufgeklärtheit Ihres Jahrhunderts nicht geböten, so müßten Sie es doch aus weiser Politik sein. Sie werden dadurch große Macht in der öffentlichen Meinung und eine natürliche Überlegenheit über Ihre Nachbarn gewinnen, die alle absolute Fürsten sind.

Eckhard Kleßmann, Deutschland unter Napoleon in Augenzeugenberichten, 2. Aufl. München 1982 S. 277 f.

4 König Jerôme an Napoleon am 30. September 1809

Das Elend im ganzen Reiche ist zu solcher Höhe gestiegen, daß, wenn Ew. Maj. mir nicht zu Hilfe kommt, es nicht noch zwei Monate so fortgehen kann, [...] Die Truppen werden nicht mehr voll besoldet, und ich wäre, wenn ich nicht die Möglichkeit gehabt, sie in die Hansestädte und nach Hannover zu legen, außer stande, sie zu ernähren. Trotz aller Sorgfalt, die ich meiner Verwaltung zuwende, erachte ich es für unmöglich, sie länger zu erhalten und bitte Ew. Maj. um Erlaubnis, mich nach Frankreich zurückziehen zu dürfen. [...] Trotzdem mich Ew. Maj. ganz ohne mein Verschulden preisgiebt, halte ich es für meine Pflicht, Sie zu bitten, Sire, Sie möchten über meine Stellung entscheiden, die als König von Westfalen eine durchaus falsche ist. Geruhen Sie, zu bestimmen, Sire, ob ich mich als Unterthan oder als Souverän benehmen soll; meines Herzens Wahl wird ewig darin bestehen, Ew. Maj. Unterthan zu sein; ich liebe weder das Deutsche noch Deutschland und bin ganz Franzose. Indessen kann ich nicht beides zugleich sein und Ew. Maj. wird mir zugeben, daß, wenn Zollbeamte sich mit bewaffneter Hand und mit Gewalt bei einem Souverän festsetzen, ohne daß er durch Vertrag oder offizielle Anzeige davon die mindeste Kenntnis besitzt, er sie heimschicken müßte, [...]
Sire, ich bin aus ihrem Blute uns so lange Eure Majestät auf meinem Haupte die Krone lassen wird, welche Sie darauf zu setzen geruhte, wüßte ich nicht anders zu handeln, als es ein König, der Bruder des Kaisers thun muß. Alles legt mir die Verpflichtung auf, bis zum letzten Atemzug meines Lebens an Ihr politisches System, an das, welches Sie für ihre Familie und für Frankreich geschaffen haben, gebunden zu sein [...] Ohne Zweifel wünschte ich die Regierung über ein Volk zu erhalten, ich gestehe es Eurer Majestät zu; aber ich möchte lieber als Privatmann in ihrem Reiche leben, als zu sein, was ich bin, ein Souverän ohne Autorität. Ihr Name allein, Sire, gibt mir den Schein von Macht, und ich finde dieselbe sehr schwach, wenn ich bedenke, daß es mir unmöglich ist, mirch Frankreich nützlich zu machen, während dies stets genötigt sein wird 100 000 Bajonette zur Stütze eines gewichtlosen Throns zu unterhalten.

Arthur Kleinschmidt, Geschichte des Königreichs Westfalen, Gotha 1893, Ndr. Kassel 1970, S. 316–318.

5 Der westfälische Staatsbeamte Friedrich Karl von Strombeck notierte über seine Teilnahme an der ersten Ständeversammlung im neuen Königreich am 2. Juli 1808

Gegen 11 Uhr versammelten sich die hundert Repräsentanten des westfälischen Volkes, damals noch ohne das prachtvolle Kostüm, welches ihnen nachher durch die Gnade des Königs zuteil ward. Die Mitglieder des Staatsrats, welche um eben diese Zeit erschienen, waren in jener Beziehung schon ausgezeichneter als wir und prangten in Mänteln von Samt [...], über welchen die schönsten Straußfedern wehten. Das diplomatische Korps und eine auserlesene Versammlung schön geschmückter Damen glänzten auf besondern, mit Scharlach behangenen Tribünen. Noch war die ausgezeichnete Tribüne der Königin leer. – Auf einmal erschallte der Ruf: »La Reine!«, und der ganze Saal hallte von einem dumpfen Gemurmel in deutscher und gallischer Sprache wider: „Die Königin" und „La Reine". Gleich als wäre das geliebte Vaterland in Not, beeilten sich der Präsident und die vier auserlesenen Deputierten, Ihre Majestät an der Tür des Gebäudes zu empfangen. [...] Jetzt erschütterten einundzwanzig Kanonenschüsse unsern Versammlungssaal: wir bekamen dadurch die vollständigste Gewißheit des entscheidenden Umstandes, daß sich Se. Majestät [Jerôme] in Bewegung zu setzen geruht hatten, und unsere Herzen begannen höher zu schlagen. Bald nachher erdröhnte die Erde von der Bewegung der begleitenden Kavallerie; Trompetengeschmetter und das Wirbeln der Trommeln vermischten sich miteinander: es war nicht anders, als wenn wir Hundert Männer in eine Schlacht geführt werden sollten. Dann dröhnten von neuem einundzwanzig Kanonenschüsse durch die Gewölbe

unsers Saals: wir wurden dadurch benachrichtigt, der Kö- 30 nig sei ganz in der Nähe, und unser Präsident nebst acht Deputierten, unter denen ich mich zu befinden die Ehre hatte, stürzten der königlichen Majestät in patriotischem Eifer entgegen. Harrend standen wir vor der Türe unsers provisorischen Ständepalastes, wo ein ziemlicher Zugwind 35 unsere Aufwallung etwas abkühlte. Wir schauten empor, denn die Aue liegt tiefer als der Friedrichsplatz, woher der König kam, und sahen nichts als Kavallerie, reitende Artillerie, Infanterie und eine unermeßliche Menge von Menschen. Jetzt erschien der Gouverneur von Kassel zu 40 Pferde[...]. Er blickte uns mit gütiger Wichtigkeit an und gab uns die Nachricht, daß Se. Majestät im Begriff wären zu erscheinen. Dann fuhr ein Wagen, gefüllt mit Meistern und Gehilfen der Zeremonien vor. Nun folgten in einzelnen Wagen der Minister-Staatssekretär und der Minister 45 der Finanzen, der Minister des Kriegs und der Minister der Justiz und des Innern [...]. Jetzt erblickten wir ein prachtvolles Achtgespann: es führte den König.
Der Kapitän der königlichen Garden, die Generaladjutanten, die Ehrenstallmeister umschwärmten den Wagen, 50 an dessen Schlage der Chef der Legion der Gendarmerie in düsterm Ernste ritt: erwägend, unstreitig, daß das königliche Haupt seiner Wachsamkeit vor allen andern anvertraut sei. Nun eröffnete sich, nicht ohne ein bedeutendes Krachen (denn Lärm und Majestät sind unzertrennbare 55 Gefährten), der Schlag des königlichen Staatswagens, und Se. Majestät erschien in allerhöchsteigener Person vor unsern entzückten und erstaunten Blicken, angetan mit einem Gewande von weißer Seide, welches ein Mantel von Purpur halb überdeckte. Auf dem Haupte einen von 60 Diamanten glänzenden Federhut und an den zierlichen Füßen weiß seidene Schuhe mit rosenroten Absätzen und weißen Schleifen. Jetzt war es Zeit, daß wir Deputierte vorschritten; wir versäumten dieses nicht, unsern Präsidenten an der Spitze, und machten unsere dreifache Verbeugung (denn bei solchen Gelegenheiten ist Drei eine gleichsam 65 heilige Zahl), so gut wie wir es von unserer Jugend her aus unsern Tanzstunden behalten hatten. Wir führten den König nach seinem Pavillon, denn auch Seine Majestät hatte nötig, sich von der Reise auszuruhen. Während Jerôme einsam einige Augenblicke in dem Ruhekabinette 70 verweilte, begab sich die Königin auf ihre Tribüne, und nun kam der wichtigste Augenblick. Der Zug, welcher die königliche Majestät in den Saal führen sollte, bildete sich und begann sich malerisch in Bewegung zu setzen. Es eröffneten ihn zwei Huissiers [Türsteher/Ausrufer] 75 der Stände mit Stäben in der Hand und im Kostüme des frühem Mittelalters; dann bewegte sich das Ganze in folgender Reihe vorwärts: die Huissiers des Königs, mit Degen an der Seite und Stäben in der Hand; die Edelknaben (welches jedoch vollkommen erwachsene schön- 80 gebaute Burschen waren), deren Uniformen von Golde strotzten; die Gehilfen der Zeremonien; die Zeremonienmeister; [...]; die Minister; der Großmarschall und [...] – der König –; der Kapitän der Garden und zu dessen Rechten der Großkammerherr. Den Schluß machte die un- 85 ermeßliche Anzahl der Beamten des königlichen Hauses. Sowie der König in den Saal trat, erschallte das durchdringende Geschrei der Huissiers: „Le Roi!" Man sah es allen Anwesenden an, daß ihre Aufmerksamkeit zu dem höchsten Grade der Spannung gekommen: sie erhoben sich ins- 90 gesamt, und die Luft ertönte (wie es uns als passend angedeutet war) von einem schmetternden: „Vive le Roi!"

Eckhard Kleßmann, Deutschland unter Napoleon in Augenzeugenberichten, 2. Aufl. München 1982, S. 292–300.

Arbeitsvorschläge:

1. Auf welche Weise versucht Jerôme Bonaparte, sich als Herrscher Westfalens zu inszenieren? Überlegen Sie jeweils, welche Wirkung diese Maßnahmen auf die Untertanen haben könnten.
2. Problematisieren Sie die tatsächliche Stellung des Königs vor dem Hintergrund dieser Inszenierung und beschreiben Sie sein Verhältnis zu Napoleon anhand der Quellen.
3. Diskutieren Sie, inwiefern Westfalen als Modellstaat und Vorbild auf die übrigen Rheinbundstaaten wirken konnte.
4. Untersuchen Sie die Haltung Karl Friedrich Strombecks zu der Inszenierung der königlichen Herrschaft Jerômes bei der Ständeversammlung. Beachten Sie, mit welchen sprachlichen Mittel er sich ausdrückt und überlegen Sie, inwiefern der Text ironisierend zu verstehen ist. (M 5)
5. Bewerten Sie nach einer Diskussion das Experiment Westfalen. Welches Potential besaß Napoleons Plan und hätte er Ihrer Ansicht nach eine Chance gehabt, wenn auf die Ausbeutung des Landes verzichtet worden wäre?

5.3 Die preußischen Reformen

Der Frieden von 1807 bedeutete in mehrfacher Hinsicht eine Belastung für die preußische Monarchie, welche sich als besiegtes Land der französischen Vorherrschaft unterordnen musste.
Zunächst galt es, erhebliche Kriegsentschädigungen aufzubringen, die den Staat an den Rand des Ruins brachten. Außerdem wurden französische Truppen auf Kosten des Landes stationiert und Versorgungsgüter gefordert. Napoleon befahl des Weiteren, den Abtransport von Kunstschätzen, wie der Quadriga über dem Brandenburger Tor, nach Paris, um die Bedeutung seines Sieges über das preußische Heer und die Schwäche des Staates öffentlich zu untermauern.
Die Ausgangslage für Reformen im verkleinerten Preußen war daher eine andere als in den vergrößerten Rheinbundstaaten. Hier wirkte zwar auch das Vorbild der französischen Entwicklungen, aber im noch immer unabhängigen Preußen konnten diese freier und eigenständiger angewendet werden. Zwei Beamte, der Freiherr vom Stein von 1807–1808, der auf Drängen Napoleons entlassen wurde, und sein Nachfolger Karl August von Hardenberg übernahmen als leitende Minister die Verantwortung für die Modernisierung Preußens. Dabei mussten sie sich mit dem Widerstand des Adels, der um seine Sonderrechte fürchtete, und dem der Zünfte, welche die traditionelle Wirtschaftsordnung behalten wollten, auseinandersetzen.
Am Beginn stand wie auch in anderen Staaten eine Reform der Verwaltung. Das auf den König bezogene Kabinett wurde in einen nach Ressorts gegliederten Ministerrat umgeformt. Dieses Prinzip galt auch für die Regierungen der neu geschaffenen Bezirke, in die das Land nun eingeteilt wurde. Die Verwaltung wurde zentraler und einheitlicher als zuvor und ermöglichte so die Umsetzung weiterer Projekte.
Im Oktober 1807 folgte ein Edikt, welches die Befreiung der Bauern und die Aufhebung der Leibeigenschaft verkündete. (▶ M5) Im Gegensatz zu anderen Ländern wurden von den preußischen Bauern dafür hohe Entschädigungen an die Adligen gefordert, welche nur ein Teil von ihnen aufbringen konnte. Für den Adel bedeutete dies Gewinne und für die Landwirtschaft die Umwandlung von feudalen Wirtschaftsformen in mehrere mittelgroße gewinnorientierte Betriebe, die nun auch in Konkurrenz zueinander standen. Die Folge davon war eine zunehmende Verarmung der Kleinbauern, welche als Tagelöhner arbeiten mussten oder in die Städte wanderten.
Die wirtschaftliche Entwicklung auf dem Land fand ihre städtische Entsprechung in der Aufhebung der Zünfte und der Gewerbefreiheit 1810. Dadurch entstanden zahlreiche neue Betriebe und es kam zu einem Wettbewerb der Unternehmen, der die Einnahmen des Staates steigerte. Die Wirtschaft wurde außerdem durch Maßnahmen zur Öffnung des Binnenmarktes gestärkt, wie bspw. die Aufhebung von Zöllen und Gebühren bei Reisen und Warentransporten durch das Königreich.
Die Einnahmequellen sollten durch ein neues Steuerrecht den Weg zur Staatskasse finden, das aber nur teilweise umgesetzt wurde. (▶ M4) Zwar wurden zahl-

1 Napoleons Einzug in Berlin am 27. Oktober 1806. Gemälde von Charles Menier, 1810.

reiche Steuern in wenige, dafür höhere Hauptsteuern zusammengefasst, aber es blieb vorerst noch die Steuerfreiheit des Adels in Kraft. Insofern hatte diese Reform ungleiche Auswirkungen.
Dies galt auch für die freie Ausübung der Religion, welche der christlichen und besonders auch der jüdischen Bevölkerung gewährt wurde. Die religiöse Toleranz bedeutete aber keine völlige rechtliche Gleichstellung der Juden mit den christlichen Untertanen. Nur diejenigen Juden, welche bereits vorher in Preußen lebten und einen Status als „Schutzjuden" des Königs für Geld erworben hatten, wurden zu Staatsbürgern ernannt. Selbst für diese blieben aber, im Gegensatz zu einigen Rheinbundstaaten, Einschränkungen, wie bspw. ein Verbot der höheren Beamtenlaufbahn, bestehen.
Eine Ausnahme von der zentralisierten Verwaltung stellte hingegen die Städteordnung dar. Hier wurden den Untertanen Wege einer politischen Mitwirkung eingeräumt. Es wurde die Wahl von Gemeinderäten und Magistraten erlaubt, welche lokale Angelegenheiten selbst regeln konnten. Auf diese Weise sollte der Verwaltungsaufwand für Detailentscheidungen reduziert werden. Die Ernennung des Magistrats und die Bestätigung seiner Entscheidungen blieben aber unter staatlicher Aufsicht. Zu beachten bleibt eine zweifache Einschränkung: Zum einen waren Frauen generell weder aktiv noch passiv wahlberechtigt und zum anderen wurden für das Wahlrecht der Männer Einkommensgrenzen gesetzt. Nur ein bestimmter Verdienst verlieh das aktive und nur ein wesentlich höherer das passive Wahlrecht. Die Ämter blieben damit den ohnehin einflussreichen und vermögenden Bürgern vorbehalten.
Im Gegensatz zur Lokalpolitik wurde die Bildung Gegenstand der zentralen Verwaltung. Eine Schulpflicht und bessere Ausbildung der Lehrer sollte in den Volksschulen und an im Sinne Johann Heinrich Pestalozzis eingerichteten Realschulen auf die Anforderungen des Berufslebens vorbereiten. Ergänzt wurde diese Schulreform, deren Durchsetzung nur zögerlich erfolgte, durch eine Förderung neuer Gymnasien und eine Universitätsreform, die von Wilhelm von Humboldt konzipiert wurde. Jener forderte, Forschung und Lehre als Einheit zu betrachten sowie höhere Bildung frei zu betreiben und nicht an konkrete Ziele, wie eine bestimmte Berufsausbildung, zu binden.
Parallel zu allen genannten Reformen wurde die Neuorganisation der preußischen Armee vollzogen. Die Generäle von 1806 wurden oftmals entlassen und ihre modern ausgebildeten Nachfolger zu unabhängigem Handeln im direkten Gefecht ermuntert. Die Prügelstrafe wurde abgeschafft und der Anteil an Söldnern zugunsten einheimischer Soldaten verringert. Die Offizierslaufbahn, die bisher nur dem Adel offenstand, wurde nun für Bürger geöffnet und statt an Geburt an Qualifikation gebunden. Dadurch sollte das Ansehen der Armee im Volk gesteigert werden. Für die Konfrontation mit Napoleon setzte man auf neue Taktiken, welche die Truppen schneller und flexibler handeln lassen sollten.
Die Einführung einer Reservearmee – genannt Landwehr –, die sich aus Wehrpflichtigen zusammensetzen sollte, wurde schon früh angedacht, aber immer wieder verschoben. Erst als 1813 russische Truppen Preußens Position sicherten, unternahm die Regierung Maßnahmen, um alle wehrfähigen Untertanen zu erfassen und nach Jahrgängen zu mobilisieren.
Diese Mobilisierung steht in Zusammenhang mit dem Versuch der Generalität, die Bevölkerung für den Krieg einzunehmen. Durch Flugschriften und Zeitungen wurde nach einem unsteten Vorlauf ab 1813 intensiv für einen Kampf gegen Frankreich geworben. Führende preußische Gelehrte unterstützten diese von ihnen teilweise schon früher formulierten Ziele und erklärten die Befreiung Preußens und anderer deutscher Staaten zur gemeinsamen Aufgabe von Bürgern aller Schichten. (▶ M7) Durch eine Medienkampagne, wie sie Österreich in geringerem Maße schon 1809 unternommen hatte, wurde schließlich versucht, eine gemeinsame Erhebung aller Deutschen gegen die französische Vorherrschaft auszulösen, die diesmal unter preußischer Führung stehen sollte.

2 Preußisches Reformedikt zur Neuordnung der Regierung und Verwaltung vom 16. Dezember 1808

Wir Friedrich Wilhelm, von Gottes Gnaden, König von Preußen etc. etc.
Haben beschlossen, den obersten Verwaltungsbehörden für das Innere und die Finanzen eine verbesserte, den Fortschritten des Zeitgeistes, der durch äußere Verhältnisse veränderten Lage des Staats und den jetzigen Bedürfnissen desselben, angemessene Geschäftseinrichtung zu geben, und heben daher die in dieser Hinsicht bestandenen Einrichtungen hiemit auf. Die neue Verfassung bezweckt, der Geschäftsverwaltung die größtmöglichste Einheit, Kraft und Regsamkeit zu geben, sie in einen obersten Punkt zusammen zu fassen, und die Geisteskräfte der Nation und des Einzelnen auf die zweckmäßigste und einfachste Art für solche in Anspruch zu nehmen. Die Regierungsverwaltung geht zu dem End künftig von einem, dem Oberhaupt des Staates unmittelbar untergeordneten, obersten Standpunkt aus. Es wird von demselben nicht allein das Ganze übersehen; sondern auch zugleich unmittelbar auf die Administration gewirkt. Eine möglichst kleine Zahl oberster Staatsdiener stehet an der Spitze einfach organisirter, nach Hauptverwaltungszweigen abgegrenzter Behörden; im genauesten Zusammenhang mit dem Regenten leiten sie die öffentlichen Geschäfte nach dessen unmittelbar ihnen ertheilten Befehlen, selbstständig und selbstthätig mit voller Verantwortlichkeit, und wirken so auf die Administration der untergeordneten, in gleicher Art gebildeten Behörden kräftig ein. Die Nation erhält eine, ihrem wahren Besten und dem Zweck angemessene Theilnahme an der öffentlichen Verwaltung, und dem ausgezeichneten Talent in jedem Stand und Verhältniß wird Gelegenheit eröffnet, davon zum allgemeinen Besten Gebrauch zu machen.
Wir verordnen demnach:
1. Die oberste allgemeine Leitung der ganzen Staatsverwaltung vereinigt sich in dem Staatsrath unter Unserer unmittelbaren Aufsicht. Die nähern Bestimmungen über dessen Organisation und Verfassung behalten Wir Uns indessen noch vor.
2. Das Ministerium besteht aus: dem Minister des Innern, dem Minister der Finanzen,
dem Minister der auswärtigen Angelegenheiten, dem Kriegsministerium, dem Justizminister.
Jeder Minister ist Chef desjenigen Departements, an dessen Spitze er steht und der solchem untergeordneten Abtheilungen. Eines jeden Departements Wirksamkeit erstreckt sich in Rücksicht der Gegenstände desselben über sämmtliche Provinzen. […]

3. Das Ministerium des Innern begreift die ganze innere Landesverwaltung, im ausgedehntesten Sinne des Worts, in sich, mit Ausnahme der eigentlichen Finanz-, Militair- und Rechtsangelegenheiten. Es gehört daher zu demselben alles, was auf die Grundverfassung des Staats und das innere Staatsrecht Bezug hat, imgleichen die Polizeiverwaltung in ihrem ganzen Umfange, mithin auch die Zensurangelegenheiten, jedoch mit Ausnahme der Schriften politischen Gegenstandes, deren Zensur dem Departement der auswärtigen Angelegenheiten überlassen wird. Auch die polizeiliche Aufsicht über das Forst- und Jagdwesen (§25.) wird gleichfalls ausgenommen.
4. Das Departement des Innern theilt sich in folgende Sektionen:
die Sektion für die allgemeine Polizei,
die Sektion für Gewerbepolizei, die Sektion für den Kultus und öffentlichen Unterricht, [...]
die Sektion der allgemeinen Gesetzgebung. Außerdem werden die Medizinalsachen und die Angelegenheiten des Bergbaues, der Münze, Salzfabrikation und Porzellain-Manufaktur, in besonderen Abtheilungen bearbeitet. [...]
34. Zu mehrerer Belebung des Geschäftsganges in den Provinzen werden Oberpräsidenten angesetzt. [...]
Sie sind zwar den [...] Kammern vorgesetzt, aber keine Zwischeninstanz zwischen ihnen und dem Ministerio, sondern als [...] Kommissarien des letztern zu betrachten, um in ihrem Namen an Ort und Stelle eine genaue und lebendige, nicht blos formale Kontrolle sowohl über die öffentliche Verwaltung an sich, als die Treue [...] der Beamten zu führen. Sie haben zwar die Befugniß und Verpflichtung, sich von dem Geschäftsbetrieb bei den [...] Kammern in genaue Kenntniß zu setzen, ihn von Zeit zu Zeit an Ort und Stelle oder auch durch Einforderung von Nachrichten und Akten zu revidiren, und Mängeln abzuhelfen; [...]

Sammlung der für die Königlichen Preußischen Staaten erschienenen Gesetze und Verordnungen von 1806 bis zum 27sten Oktober 1810, Berlin 1822 (Nachdr. Bad Feilnbach 1985.), S. 361–363, 369, 372.

3 Der preußische Reformer Fürst von Hardenberg
Zeitgenössisches Gemälde von Friedrich Georg Weitsch.

4 Preußisches Reformedikt über das Finanzwesen vom 27. Oktober 1810

Wir Friedrich Wilhelm, von Gottes Gnaden, König von Preußen etc. etc.
Haben Uns bisher unablässig damit beschäftigt, die besten Mittel ausfindig zu machen, um den durch den letzten Krieg gesunkenen Wohlstand Unsers Staats wieder herzustellen, den Kredit empor zu heben und die Verpflichtungen zu erfüllen, welche der Staat gegen seine Gläubiger auf sich hat, insbesondere haben wir durch sehr große Anstrengungen, soviel als nur immer möglich war auf die an Se. Majestät den Kaiser der Franzosen zu entrichtende Kriegeskontribution von 120 Millionen Franken abgetragen, so daß solche mit dem Ende des jetzt laufenden Jahres zur Hälfte abbezahlet seyn wird. Mit Rührung haben Wir die Beweise von Anhänglichkeit aller Klassen Unserer getreuen Unterthanen an Unsere Person, Unser Haus und Unsere Regierung bemerkt, insonderheit auch die Hülfe erkannt, welche Uns bei der Sicherstellung der gedachten Kontribution und bei der Aufbringung der einstweilen nöthigen Fonds von Unsern getreuen Ständen und von dem Handelsstande mit gröster Bereitwilligkeit geleistet worden ist. Die Schwierigkeiten, welche Wir noch zu überwinden haben, sind beträchtlich, und erfordern noch zu Unserer Bekümmerniß nicht geringe Opfer. [...]
Wir sehen Uns genöthigt, von Unsern getreuen Unterthanen die Entrichtung erhöhter Abgaben, hauptsächlich von der Konsumtion und von Gegenständen des Luxus zu fordern, [...]. In den Gegenden, welche durch den Krieg ganz vorzüglich gelitten haben, besonders im Königreich Preußen, wollen wir Bedacht nehmen, durch außerordentliche Hülfsmittel die Last zu erleichtern, welche aus jenen neuen Konsumtionssteuern entsteht.
Es versteht sich übrigens, daß die durch das Kontinental-System für jetzt nothwendig gewordenen hohen Abgaben von Kolonial-Waaren, die für diese bestimmten niedrigeren Sätze in sich fassen.
Ueberhaupt aber soll das drückende jener neuen Auflagen dadurch möglichst vergütigt werden, daß Wir mittelst einer gänzlichen Reform des Abgaben-Systems alle nach gleichen Grundsätzen für Unsere ganze Monarchie von Jedermann wollen tragen lassen. Auf dem kürzesten Wege wird daher auch ein neues Kataster angelegt werden, um die Grundsteuer danach zu bestimmen.
Unsere Absicht ist hierbei keinesweges auf eine Vermehrung der bisher aufgekommenen gerichtet, nur auf eine gleiche und verhältnißmäßige Vertheilung auf alle Grundsteuerpflichtigen. Jedoch sollen alle Exemtionen [Ausnahmen] wegfallen, die weder mit der natürlichen Gerechtigkeit, noch mit dem Geist der Verwaltung in benachbarten Staaten länger vereinbar sind. Die bis jetzt von der Grundsteuer befreit gebliebenen Grundstücke, sollen also ohne Ausnahme damit belegt werden, und Wir wollen, daß es auch in Absicht auf Unsere eigene Domanial-Besitzungen geschehe. Wir hoffen, daß diejenigen, auf welche diese Maaßregel Anwendung findet, sich damit beruhigen werden, daß künftig der Vorwurf sie nicht weiter treffen kann, daß sie sich auf Kosten ihrer Mitunterthanen, öffentlichen Lasten entziehn, so wie mit den Betrachtungen: daß die von ihnen künftig zu entrichtende Grundsteuern dem Aufwande nicht gleich kommen, den sie haben würden, wenn man die ursprünglichen auf ihren Gütern haftenden Ritter-Dienstverpflichtungen von ihnen forderte, für welche die bisherigen ganz unverhältnißmäßigen Abgaben gegen die Grundsteuer wegfallen; wie auch, daß freie Benutzung des Grundeigenthums, völlige Gewerbefreiheit

und Befreiung von andern Lasten, die sonst nothwendig gewesen seyn würden, statt finden sollen; endlich daß die Grundsteuer schon in einem großen Theile Unserer Monarchie von den Gutsbesitzern wirklich getragen wird.

Wir wollen nämlich eine völlige Gewerbefreiheit gegen Entrichtung einer mäßigen Patentsteuer und mit Aufhören der bisherigen Gewerbesteuern verstatten, das Zollwesen simplifiziren lassen, die Bann- und Zwanggerechtigkeiten aufheben und zwar da, wo ein Verlust wirklich nach den vorzuschreibenden Grundsätzen erwiesen wird, gegen eine Entschädigung abseiten des Staats; dem Theile Unserer Unterthanen, welcher sich bisher keines Eigenthums seiner Besitzungen erfreute, dieses ertheilen und sichern, auch mehrere drückende Einrichtungen und Auflagen gänzlich abschaffen. [...]

Wir haben die landesväterliche Absicht, Unsere Domainen zur Tilgung der Staatsschulden zu bestimmen. Zu dem Ende ist ihr successiver Verkauf beschlossen [...].

Ferner haben Wir beschlossen, die geistlichen Güter in Unserer Monarchie zu säkularisiren und verkaufen zu lassen, das Aufkommen davon aber gleichfalls dem Staatsschulden Abtrage zu widmen, indem Wir für vollständige Pensionirung der jetzigen Pfründner und für reichliche Dotirung der Pfarreien, Schulen und milden Stiftungen sorgen. Wir haben hierin nicht nur das Beispiel fast aller Staaten und den allgemeinen Zeitgeist vor Uns, sondern auch die Ueberzeugung, daß Wir weit mehr der Gerechtigkeit gemäß handeln, wenn Wir jene Güter unter den oben erwähnten Bedingungen zur Rettung des Staats verwenden, als wenn Wir zu diesem Ende das Vermögen Unserer getreuen Unterthanen stärker anziehen wollten. [...]

Wir wollen dieses aber – mit Ausnahme einer ein für allemal, jedoch in mehreren monatlichen Terminen zu entrichtenden sehr mäßigen Steuer, von denen, die sich von der Arbeit ihrer Hände nähren und nur ein ganz geringes Vermögen besitzen; – nicht als eine Auflage, weder auf das Vermögen, noch auf das Einkommen, verlangen, sondern nur als ein Anleih, behufs Tilgung der Kontribution an Frankreich, auf Unsere, wie oben schon erwähnt ist, zur Befreiung des Staats von Schulden bestimmten Domainen und die geistlichen Güter. Dieses Anleih soll zu vier Procent jährlich richtig verzinset werden, und Wir sichern dessen Wiederbezahlung. [...]

Wir werden übrigens Unsere stete und gröste Sorgfalt darauf richten, durch jede nothwendige und heilsame Einrichtung in polizeilicher und finanzieller Hinsicht Unsern uns so sehr am Herzen liegenden Hauptzweck, das Wohl Unserer getreuen Unterthanen herzustellen, möglichst zu befördern. Zu dem Ende soll auch die nächste Möglichkeit ergriffen werden, das Münzwesen auf einen festen Fuß zu setzen, so wie Wir Uns vorbehalten, der Nation eine zweckmäßig eingerichtete Repräsentation, sowohl in den Provinzen als für das Ganze zu geben, deren Rath Wir gern benutzen und in der Wir nach unsern landesväterlichen Gesinnungen, gern unsern getreuen Unterthanen die Ueberzeugung fortwährend geben werden, daß der Zustand des Staats und der Finanzen sich bessere, und daß die Opfer, welche zu dem Ende gebracht werden nicht vergeblich sind. So wird sich das Band der Liebe und des Vertrauens zwischen Uns und Unserm treuen Volk immer fester knüpfen.

Gesetz-Sammlung für die Königlichen Preußischen Staaten 1810, Berlin, S. 25–28, 31

5 Preußisches Reformedikt vom 9. Oktober 1807 zur Aufhebung der Abhängigkeit der Bauern von den adeligen Grundherren [Gutsunterthänigkeit]

Wir Friedrich Wilhelm, von Gottes Gnaden, König von Preußen ... Tun kund und fügen hiermit zu wissen:
Nach eingetretenem Frieden hat Uns die Vorsorge für den gesunkenen Wohlstand Unserer getreuen Untertanen, dessen baldigste Wiederherstellung und möglichste Erhöhung vor allem beschäftigt. Wir haben hierbei erwogen, daß es, bei der allgemeinen Not, die Uns zu Gebot stehenden Mittel übersteige, jedem einzelnen Hilfe zu verschaffen, ohne den Zweck erfüllen zu können, und daß es eben sowohl den unerläßlichen Forderungen der Gerechtigkeit, als den Grundsätzen einer wohlgeordneten Staatswirtschaft gemäß sei, alles zu entfernen, was den einzelnen bisher hinderte, den Wohlstand zu erlangen, den er nach dem Maß seiner Kräfte zu erreichen fähig war; Wir haben ferner erwogen, daß die vorhandenen Beschränkungen teils in Besitz und Genuß des Grundeigentums, teils in den persönlichen Verhältnissen des Landarbeiters Unserer wohlwollenden Absicht vorzüglich entgegenwirken, und der Wiederherstellung der Kultur eine große Kraft seiner Tätigkeit entziehen, jene, indem sie auf den Wert des Grundeigentums und den Kredit des Grundbesitzers einen höchst schädlichen Einfluß haben, diese, indem sie den Wert der Arbeit verringern. Wir wollen daher beides auf diejenigen Schranken zurückführen, welche das gemeinsame Wohl nötig macht, und verordnen daher folgendes:

Freiheit des Güterverkehrs

§ 1: Jeder Einwohner Unsrer Staaten ist, ohne alle Einschränkung in Beziehung auf den Staat, zum eigentümlichen und Pfandbesitz unbeweglicher Grundstücke aller Art berechtigt; der Edelmann also zum Besitz nicht bloß adeliger, sondern auch unadeliger, bürgerlicher und bäuerlicher Güter aller Art, und der Bürger und Bauer zum Besitz nicht bloß bürgerlicher, bäuerlicher und anderer unadeliger sondern auch adeliger Grundstücke, ohne daß der eine oder der andere zu irgendeinem Gütererwerb einer besonderen Erlaubnis bedarf, wenn gleich, nach wie vor, jede Besitzveränderung den Behörden angezeigt werden muß. [...]

Freie Wahl des Gewerbes

§ 2: Jeder Edelmann ist, ohne allen Nachteil seines Standes, befugt, bürgerliche Gewerbe zu treiben; und jeder Bürger oder Bauer ist berechtigt, aus dem Bauern in den Bürger- und aus dem Bürger- in den Bauernstand zu treten. [...]

Auflösung der Gutsuntertänigkeit

§ 10: Nach dem Datum dieser Verordnung entsteht fernerhin kein Untertänigkeitsverhältnis, weder durch Geburt, noch durch Heirat, noch durch Übernehmung einer untertänigen Stelle, noch durch Vertrag. [...]

§ 12: Mit dem Martinitage [11.11.] Eintausend Achthundert und Zehn (1810) hört alle Gutsuntertänigkeit in Unsern sämtlichen Staaten auf. Nach dem Martinitage 1810 gibt es nur freie Leute, so wie solches auf den Domänen in allen Unsern Provinzen schon der Fall ist, bei denen aber, wie sich von selbst versteht, alle Verbindlichkeiten, die ihnen als freien Leute vermöge des Besitzes eines Grundstücks, oder vermöge eines besondern Vertrages obliegen, in Kraft bleiben.

Walter Demel u. Uwe Puschner, Von der Französischen Revolution zum Wiener Kongreß 1789–1815, Stuttgart 1995 (Deutsche Geschichte in Quellen und Darstellungen Bd. 6), S. 327–332.

5

6 Napoleon trifft bei Tilsit mit Königin Louise und König Friedrich Wilhelm von Preußen sowie Zar Alexander I. von Russland zusammen. Gemälde von Nicolas Gosse, 1837.

Alle Versuche der preußischen Königin, bei diesem Treffen die Bedingungen des Friedens zu mildern, scheiterten an Napoleons Willen, den Sieg auszunutzen.

7 Fichtes Erste Rede an die Deutsche Nation

Auszug einer in den Jahren 1807/1808 an der Universität Berlin gehaltenen Reihe von Reden über eine zukünftige Nationalerziehung:

Ich rede für Deutsche schlechtweg, von Deutschen schlechtweg, nicht anerkennend, sondern durchaus bei Seite setzend und wegwerfend alle die trennenden Unterscheidungen, welche unselige Ereignisse seit Jahrhunderten in der einen Nation gemacht haben [...]
Ferner wurde bisher diese also beschränkte Bildung nur an die sehr geringe Minderzahl der eben daher gebildet genannten Stände gebracht, die grosse Mehrzahl aber, auf welcher das gemeine Wesen recht eigentlich ruht, das Volk, wurde von der Erziehungskunst fast ganz vernachlässigt und dem blinden Ohngefähr übergeben. Wir wollen durch die neue Erziehung die Deutschen zu einer Gesammtheit bilden, die in allen ihren einzelnen Gliedern getrieben und belebt sey durch dieselbe Eine Angelegenheit; so wir aber etwa hierbei abermals einen gebildeten Stand, der etwa durch den neu entwickelten Antrieb der sittlichen Billigung belebt würde, absondern wollten von einem ungebildeten, so würde dieser letzte, da Hoffnung und Furcht, durch welche allein noch auf ihn gewirkt werden könnte, nicht mehr für uns sondern gegen uns dienen, von uns abfallen und uns verlorengehen. Es bleibt sonach uns nichts übrig, als schlechthin an alles ohne Ausnahme, was deutsch ist, die neue Bildung zu bringen, so dass dieselbe nicht Bildung eines besonderen Standes, sondern dass sie Bildung der Nation schlechthin als solcher, und ohne alle Ausnahme einzelner Glieder derselben, werde, in welcher, in der Bildung zum innigen Wohlgefallen am Rechten nemlich, aller Unterschied der Stände, der in anderen Zweigen der Entwickelung auch fernerhin stattfinden mag, völlig aufgehoben sey und verschwinde; und dass auf diese Weise unter uns keinesweges Volkserziehung, sondern eigenthümliche deutsche Nationalerziehung entstehe [...]

Fichte, Sämtliche Werke 7, S. 266.

Arbeitsvorschläge:

1. Beschreiben Sie die Lage Preußens im Jahr 1807 und überlegen Sie, welche Optionen für die Regierung bestandenn auf diese Lage zu reagieren.
2. Fassen Sie die preußischen Reformmaßnahmen zusammen und vergleichen Sie diese anschließend a) mit den Reformen in den Rheinbundstaaten und b) mit der heutigen Regierungs- und Gesellschaftsordnung in Deutschland.
3. Nehmen Sie Stellung zu der These: „Die Reformen zwischen 1806 und 1815 schufen in Preußen die Grundlage für dessen Aufstieg zu einem Industriestaat im 19. Jahrhundert".
4. Kontrastieren Sie anschließend Ihre Ergebnisse in Hinblick auf die Ereignisse der Kontinentalsperre (Kapitel 6).
5. Überlegen Sie inwieweit die preußische Politik mit den Reformen Grundlagen für einen erneuten Kampf gegen Frankreich schaffen wollte.
6. Diskutieren Sie, in einem Rollenspiel die Gestaltung und Auswirkungen der preußischen Reformen. Lassen Sie einen Adligen, einen jüdischen Bankier, einen Handwerker, einen Bauern und einen Soldaten bei einer fiktiven Begegnung ins Gespräch kommen.

5.4 Die Bedeutung Österreichs

1 Kaiser Franz I. von Österreich, vormals als Franz II. Kaiser des Heiligen Römischen Reiches Deutscher Nation
Gemälde von Friedrich von Amerling, 1832.

Das 1804 bzw. 1806 zum eigenständigen Kaiserreich erklärte Österreich war von 1795 bis 1809 der wichtigste Gegner Frankreichs auf dem europäischen Kontinent. Napoleon gelang es jedoch, siegreich zu bleiben und der regierenden Familie der Habsburger in mehreren Friedensschlüssen seine Bedingungen zu diktieren.
Die Folge davon war zunächst eine erhebliche Verkleinerung des von Österreich beherrschten Gebietes, welches ursprünglich Besitzungen am Oberrhein, in Norditalien und an der Adria umfasste. Abgesehen davon schloss die napoleonische Außenpolitik die habsburgischen Länder, deren Oberhaupt abgesehen von einer Ausnahme seit dem 15. Jh. immer den Kaiser des Heiligen Römischen Reiches Deutscher Nation gestellt hatte, politisch aus dem ehemaligen Reichsgebiet aus. Dennoch bildeten die eigentlich österreichischen Gebiete weiterhin eine Einheit mit den Königreichen Böhmen und Ungarn.
Die Niederlage von 1805 blieb hier im Gegensatz zur preußischen Entwicklung nach 1806 nur von beschränkter Wirkung. Einige der innenpolitischen Ziele, wie eine gesteigerte Effizienz der Verwaltung und eine bessere Stellung der Bauern, waren teilweise bereits durch Reformen im 18. Jahrhundert erreicht worden. Die Sorge des Kaisers Franz I. vor revolutionären Bewegungen im eigenen Land verhinderten darüber hinaus ebenso wie die Interessen der verschiedenen Völker in seinem Reich radikale Modernisierungen.
Eine Ausnahme davon bildete das Militärwesen. In Anbetracht der großen Erfolge der französischen Armeen wurde auch in Österreich bereits 1808, also früher als in Preußen, eine Wehrpflicht in Form einer Landwehr zur Verstärkung der regulären Truppen eingeführt.
Für die Außenpolitik der Monarchie war ab 1809 der Staatskanzler Fürst von Metternich verantwortlich, der ein vorsichtiges Taktieren gegenüber Frankreich empfahl, wobei er zwar die Konfrontation befürwortete, aber eine vernichtende Niederlage wie im Falle Preußens verhindern wollte. Er beobachtete genau die Entwicklung im französisch besetzten Spanien, wo ein Volksaufstand von Partisanenkämpfern die Truppen Napoleons lähmte. Anhand dieses Vorbildes wurde das Konzept einer Erhebung des gesamten deutschen Volkes gegen Napoleon erarbeitet, das seit 1808 durch Pressemeldungen und Flugschriften vorbereitet wurde.
Im Jahr 1809 kam es dann erneut zum Krieg gegen Frankreich. Die Aufrufe an die Bevölkerung der anderen Staaten, sich diesem Kampf anzuschließen, blieben allerdings ohne Erfolg. Es gelang dem österreichischem Kommandanten Erzherzog Johann zwar, Napoleon dessen erste Niederlage in einer Schlacht beizubringen, aber der Krieg ging dennoch im selben Jahr mit dem französischen Einmarsch in Wien und dem Frieden von Schönbrunn zu Ende. Österreich verlor zahlreiche Gebiete im Westen und Süden und wurde zu hohen Zahlungen verpflichtet.
Metternich schlussfolgerte aus dieser Niederlage die Notwendigkeit, die weitere Entwicklung in Europa abzuwarten, nie mehr ohne ein starkes Bündnis in den Krieg zu ziehen und sich vorläufig mit Frankreich zu arrangieren. Zu diesem Zweck stimmte auf dessen Empfehlung Kaiser Franz I. der Ehe einer seiner Töchter, der Erzherzogin Marie Luise, mit Napoleon zu. Jener hatte sich zuvor aus dynastischen Gründen von seiner Frau scheiden lassen. Außerdem befolgte Österreich nun offiziell die Vorgaben der französischen Wirtschaftsordnung für Europa und erklärte sich bereit, Truppen für den Russlandfeldzug Napoleons bereitzustellen. Dabei trug Metternich allerdings von vornherein Sorge, den Zaren zu informieren, dass die österreichischen Truppen sich stets an der Flanke aufhalten und nicht offensiv die russische Armee angreifen würden. Metternich führte außerdem mit potentiellen Gegnern Napoleons im Geheimen weitere Verhandlungen.
Diese politischen Maßnahmen bildeten die Grundlage für die spätere Rolle Österreichs als zentraler Vermittler zwischen den Mächten, die 1814 Napoleon besiegten und begannen, Europa nach altem Vorbild zu ordnen.

5

2 Manifest des österreichischen Hofes

Verfasst von Friedrich Gentz, publiziert in der Hofzeitung 5 Tage nach Kriegsbeginn am 15. April 1809:

[...] Das Preßburger Traktat hatte in den Personalverhältnissen und in dem Besitzstand verschiedener Reichsfürsten des mittäglichen Deutschlands bedeutende Veränderungen gestiftet. Gleichwohl war durch diesen Traktat die bisherige Verfassung des Reichs nicht bloß stillschweigend aufrecht erhalten, sondern wörtlich bestätigt worden. Der Titel eines Kaisers von Deutschland war, ohne irgend eine Widerrede oder Anstand, in das Friedensinstrument aufgenommen worden, und die Anerkennung der Königstitel in den Häusern Baiern und Würtemberg, mit dem ausdrücklichen Zusatz stipulirt, daß das Band, welches diese Fürsten bisher an die deutsche Reichskonföderation geknüpft hatte, durch die ihnen beigelegten neuen Prärogativen nicht als aufgelöst betrachtet werden sollte. Mittlerweile war unter dem Schleier des Geheimnisses. Der wahrscheinlich längstgenährte Plan, die deutsche Reichsverfassung völlig zu vernichten, in Paris zur Reife gekommen. [...] Es entfaltete sich sogleich vor Sr. Kaiserl. Majestät Blicken das von allen Seiten bejammernswürdige Schicksal. Dem Deutschland entgegenging; es entfaltete sich nicht minder die verstärkte und dringende Gefahr, die aus einem System, welches alle benachbarten Länder in unmittelbare Abhängigkeit von Frankreich versetzte, für die österreichischen Erbstaaten entsprang. Das Recht sich gegen die Einführung eines solchen Systems durch die äußersten Widerstandsmaßregeln zu verwahren, hätte dem Kaiser Niemand streitig machen können. Wie mächtig aber auch die Beweggründe sein mochten [...] die unmittelbare Erhaltung der österreichischen Monarchie war des Kaisers erste und heiligste Pflicht. [...] Se. Kaiserl. Majestät hatten mit unermüdeter, treuer Beharrlichkeit an der Aufrechthaltung des Friedens gearbeitet. Sie hatten sich drei Jahre lang in viele harte und unbillige Forderungen des französischen Kabinets, ohne je eine Klage darüber laut werden zu lassen, gefügt. Sie waren allen Beschwerden derselben zuvorgekommen. Sie hatten Ihrem sehnlichen Wunsche nach Ruhe eine lange Reihe kostbarer Opfer gebracht. [...] Als man endlich alles was zu erdenken gewesen war, um Oesterreichs friedliche Gesinnungen auf die äußersten Proben zu stellen, für erschöpft hielt, gelang es dennoch der französischen Regierung, Se. Kaiserl. Majestät zum Widerstand zu zwingen, indem sie auf Zurücknahme jener Maßregeln drang [Die neue Wehrpflicht], von welchen ein wesentlicher Teil der Landesverteidigung abhing. Um diesen Preis den Frieden zu erkaufen, war unmöglich.[...] Seine Majestät ergreifen die Waffen, weil die Pflicht der Selbsterhaltung Ihnen untersagt [...] Verzichtleistung auf ihre Rechtmäßigen Verteidigungsmittel einzugehen; weil Sie nicht länger zögern dürfen, die Ihnen von Gott anvertrauten Länder und Völker gegen einen lange beabsichtigten, mehr denn einmal ausdrücklich angekündigten, jetzt zur Vollziehung gereiften Angriff zu decken; [...] Die Sicherheit der österreichischen Monarchie kann also nicht auf einem isolierten Standpunkte gesucht, kann nicht abgesondert von der allgemeinen Verfassung des gesammten europäischen Staatensystems gedacht werden. Nur in dem Grade von Unabhängigkeit seiner Umgebungen [...] kann Österreich die vollständige Garantie seiner eigenen Sicherheit finden. Das Schicksal dieser Umgebungen, besonders aber Deutschlands und Italiens kann und darf die österreichische Regierung nicht mit sorgloser Gleichgültigkeit betrachten. [...]

Gustav Schlesier (Hg.), Schriften von Friedrich von Gentz. Ein Denkmal Bd. 2, Mannheim 1838, S. 336–365.

3 Auszug aus der Schrift Katechismus der Deutschen (1809), von Heinrich von Kleist:

Von Deutschland überhaupt
Frage: Sprich, Kind, wer bist du?
Antwort: Ich bin ein Deutscher.
Frage: Ein Deutscher? Du scherzest. Du bist in Meißen geboren, und das Land, dem Meißen angehört, heißt Sachsen!
Antwort: Ich bin in Meißen geboren und das Land, dem Meißen angehört, heißt Sachsen; aber mein Vaterland, das Land dem Sachsen angehört ist Deutschland, und dein Sohn mein Vater, ist ein Deutscher.
Frage: Du träumst! Ich kenne kein Land, dem Sachsen angehört es müßte denn das rheinische Bundesland sein. Wo find' ich es, dies Deutschland, von dem du sprichst, und wo liegt es?
Antwort: Hier, mein Vater. – Verwirre mich nicht.
Frage: Wo?
Antwort: Auf der Karte.
Frage: Ja, auf der Karte! – Diese Karte ist vom Jahr 1805. – Weißt du nicht, was geschehn ist, im Jahr 1805, da der Friede von Preßburg abgeschlossen war?
Antwort: Napoleon, der korsische Kaiser, hat es, nach dem Frieden, durch eine Gewalttat, zertrümmert.
Frage: Nun? Und gleichwohl wäre es noch vorhanden.
Antwort: Gewiß! – Was fragst du mich doch.
Frage: Seit wann?
Antwort: Seit Franz der Zweite der alte Kaiser der Deutschen, wieder aufgestanden ist, um es herzustellen und der tapfre Feldherr, den er bestellte, das Volk aufgerufen hat, sich an die Heere, die er anführt, zur Befreiung des Landes, anzuschließen. [...]

Heinrich von Kleist, Sämtliche Werke und Briefe Bd. 3, Frankfurt a. M. 1990, S. 479 f.

Arbeitsvorschläge:

1. Beschreiben Sie die österreichische Politik gegenüber Frankreich von 1797 bis 1809 und vergleichen Sie diese mit der preußischen.
2. Fassen Sie zusammen, wie das kaiserliche Manifest die Stellung Österreichs und sein Verhältnis zu den übrigen deutschen Staaten schildert. (M 2)
3. Diskutieren Sie, welche Folgen die territoriale Entwicklung Österreichs in den Friedensschlüssen mit Napoleon für die Geschichte Mitteleuropas hatte. Beziehen Sie sich dabei speziell auf den Verlust der Besitztümer im Reich und in Norditalien.
4. Vergleichen Sie die Motive zum österreichischen Kriegseintritt, welche im Manifest und in Kleists Katechismus der Deutschen genannt werden. (M 2, M 3)

6 Kontinentalsperre und Kontinentalsystem

Die Kontinentalsperre

Im Jahr 1806 erließ Napoleon direkt nach seinem Triumph über die preußische Armee in Berlin ein Dekret, welches den Handel zwischen England und dem von ihm kontrollierten Teil des Kontinents für illegal erklärte und unter Strafe stellte. Er reagierte damit auf die Unterstützung Englands für Preußen und die trotz des Friedens von Amiens schwelenden langfristigen wirtschaftlichen Konflikte zwischen England und Frankreich. Alle Häfen sollten für englische Schiffe gesperrt, alle Grenzen für englische Waren geschlossen und alle Händler, die solche noch verkauften, bestraft werden.

Hiermit fixierte Napoleon einen außenpolitischen Konflikt, dessen Erbe er bereits als Konsul angetreten hatte. Die wirtschaftlichen Auseinandersetzungen zwischen England und Frankreich hatten gerade in Bezug auf den Überseehandel bereits eine langjährige Tradition. Die Engländer besaßen aber inzwischen durch den Sieg Admiral Nelsons über die französische Flotte bei Trafalgar und die präventive Vernichtung der niederländischen und dänischen Flotte die absolute Seeherrschaft. Napoleon konnte die britische Monarchie daher nicht zur See bekämpfen und beschloss durch die so genannte Kontinentalsperre, einen Wirtschaftskrieg zu führen. (▶ M2)

Die Reaktion der Engländer stellte eine Gegenblockade dar, welche vorsah, alle neutralen Schiffe, die nun Frankreich oder seine Verbündeten anliefen, abzufangen. Aus dieser doppelten Blockade folgte ein Zusammenbruch der Importe aus Übersee und England. Sogenannte Kolonialwaren wie Baumwolle, Kaffee, Zucker und Gewürze wurden teurer. Die Produkte der fortschrittlichen englischen Industrie wie Stahl oder Stoffe stiegen ebenfalls stark im Preis an und waren stellenweise gar nicht mehr erhältlich.

Diese Kontinentalsperre wurde aber schon bald durch Länder wie Schweden und Dänemark unterlaufen, die einen regen Schmuggel förderten und daran gut verdienten. Besonders die Insel Helgoland, die England 1807 besetzte, wurde zu einem Stützpunkt von dem aus mit kleinen Booten Handelswaren an die ganze Nordseeküste verschifft wurden. (▶ M3)

Napoleon versuchte daher, möglichst alle Staaten Europas zu überzeugen, sich der Sperre anzuschließen. (▶ M5) In diesem Zusammenhang lud er auch 1808 den russischen

1 Europa unter französischer Vorherrschaft 1811

Zaren nach Erfurt ein. Während in Spanien bereits ein Aufstand gegen die Franzosen begonnen hatte, wurde hier noch ein Bündnis zur Verschärfung der Sperre geschlossen. Hinter den Kulissen überzeugte Napoleons Außenminister Talleyrand den Zaren allerdings, die Vereinbarung zu brechen. Talleryrand, der bereits seit der französischen Monarchie in ranghohen Staatsämtern tätig war, wollte sich damit für den Fall einer Niederlage seines derzeitigen Dienstherren absichern, welche er als mögliche Folge des Konfliktes in Spanien vermutete. Er erklärte dem Zaren, dass jener politisch freie Hand habe, weil der dortige Aufstand Napoleon derart schwächen würde, dass er sich nicht gegen Russland wenden würde.
Der Zar folgte dem Rat insofern, als dass er inoffiziell den Schmuggel förderte, der an allen Küsten alltäglich geworden war und weiter zunahm. Nach dem Ende des Feldzuges in Spanien reagierte Napoleon im Jahr 1810 auf den illegalen Handel mit der Besetzung der gesamten Nordseeküste und einem straffen Kontrollsystem, welches französische Zöllner im ganzen Rheinbund nach Schmuggelware suchen ließ. Auch in Binnenstädten wie Frankfurt wurden große Warenladungen beschlagnahmt und verbrannt. Die scheinbar willkürlichen Durchsuchungen und Beschlagnahmungen durch fremde Zöllner ließen allerdings das Ansehen des Kaisers auch bei seinen Verbündeten sinken.
Die Folgen der Sperre waren ein großer Rückgang des Handels, der speziell die Hafenstädte auch in Frankreich schwer traf. Viele Waren wurden teurer und Unternehmen, die auf auswärtige Rohstoffe angewiesen waren, wurden ruiniert. Im Gegensatz dazu entwickelte sich als Lösung gegen den Mangel stellenweise eine neue eigene Industrie, speziell in Sachsen und am Rhein, wo nun Ersatz für englischen Stahl und Stoffe gefertigt wurde.
In England hatte die Blockade eher geringe Auswirkungen. Es gelang, neue Märkte in Übersee zu erschließen und durch den Schmuggel weiterhin Gewinne zu machen. Nur im Jahr 1811 war die Lage schwierig und Entlassungen sowie Preissteigerungen für Lebensmittel ließen Unruhen drohen.
Zur selben Zeit aber lockerte Napoleon aus finanziellen Gründen die Sperre und erlaubte ausschließlich französischen Häfen den Handel mit England gegen hohe Zölle, welche direkt seiner Kasse zugute kamen. Dadurch brachte er die von ihm abhängigen Länder weiter gegen sein System auf. Neben dieser Anordnung trug auch der Entschluss des Zaren Ende des Jahres 1810, alle seine Häfen für englische Schiffe zu öffnen, dazu bei, den Wirtschaftskonflikt für England zu entscheiden. (▶ M 9)

Das Kontinentalsystem

Auch innerhalb des europäischen Kontinents versuchte Napoleon, die Wirtschaftspolitik zur Untermauerung der französischen Vorherrschaft einzusetzen. Er befahl, den Export von Frankreich ins restliche Europa zu erleichtern, die Einfuhr von Waren nach Frankreich aber mit Zöllen zu belegen. Die Grenze für diese Zollbereiche sollte dabei der Rhein sein. Die Auswirkungen zeigten sich bspw. im Großherzogtum Berg, dessen Bewohner eine wirtschaftliche Depression erlebten, während nur Kilometer entfernt auf dem anderen Rheinufer ein Aufschwung stattfand. Ziel Napoleons war es, die wirtschaftliche dominierende Rolle Englands in Europa zu übernehmen, seine eigenen Staatseinnahmen zu erhöhen und die negativen Folgen der Kontinentalsperre für Frankreich selbst zu mildern. Aus diesem Grund schuf er noch zusätzliche Zollgrenzen, die den Handel zwischen den Rheinbundstaaten und Italien oder Holland erschwerten und nur Frankreich direkte Handelsverbindungen gestattete.
Die Folge war eine weitere Verschlechterung des französischen Ansehens in den verbündeten Gebieten. Denselben Effekt erzielte das System der Eintreibung von Versorgungsgütern für die napoleonische Armee, die Unterbringung von Besatzungstruppen auf Kosten der besetzten Länder und die hohen Kriegsentschädigungen, die der Kaiser von allen ehemaligen Gegnern verlangte. Ziel der von ihm speziell mit dem Rheinbund eingerichteten Kooperationen war die Finanzierung und Ausrüstung einer größeren Armee, als sie in Europa jemals zuvor aufgestellt wurde.
Besonders deutlich wurde die Wirkungsmacht dieses Systems gegen 1812, als Napoleon die Grande Armée gegen Russland führte. Inklusive der Truppen, welche die Verbindungen bis nach Preußen sicherten, führte Napoleon beinah 600 000 Mann ins Feld, die aus zwanzig Staaten kamen. Das Bedürfnis nach Pferden, Nutzvieh und Getreide war schon beim Aufmarsch sehr hoch und konnte nur mühsam befriedigt werden. Der Feldzug begann im Sommer 1812 und Napoleon war angesichts des guten Wetters, der baldigen Erntezeit in Russland und seiner gewaltigen zahlenmäßigen Überlegenheit überzeugt, binnen kurzer Zeit zu siegen.

2 Napoleon befiehlt in Berlin am 21. November 1806 die Kontinentalsperre

Napoleon, Kayser der Franzosen und König von Italien. Wir erwägen,
1) daß England das von allen cultivirten Nationen allgemein beachtete Völkerrecht nicht zuläßt
5 2) daß es jedes Individuum als Feind ansieht, welches zu feindlichen Staat gehört, und folglich nicht bloß die Mannschaften der Kriegsschiffe, sondern auch die Mannschaften der Kauffahrteyschiffe, und sogar Commerz-Factoren und Kaufleute, die in ihren Handelsgeschäfften
10 reisen zu Kriegsgefangnen macht;
3) daß es auf die Kauffahrteyschiffe und Waaren und auf das Eigenthum der Particuliers das Eroberungsrecht ausdehnt welches doch nur auf dasjenige anwendbar ist, was dem feindlichen Staat zugehört;
4) daß es auf die nicht befestigten Städte und Handelshä- 15 fen auf die Buchten und Mündungen der Flüsse das Blockaderecht ausdehnt, welches nach den Grundsätzen und Gebrauch aller cultivirten Völker nur auf befestigte Plätze anwendbar ist; […]
5) daß dieser ungeheure Mißbrauch des Blockaderechts 20 keine andre Absicht hat, als die Communication unter den Völkern zu verhindern und den Handel und die Industrie Englands auf dem Ruin des Handels und der Industrie des festen Landes zu erheben;
6 daß, da dieses die Absicht Englands ist, jeder, der auf 25 dem festen Lande Handel mit Englischen Waaren treibt, dadurch dessen Absichten begünstigt und sich zum Mitschuldigen macht; […]
so haben Wir beschlossen, auf England diejenigen Gebräuche anzuwenden, die es in seiner See-Gesetzgebung 30 consacrirt hat.

Die Verfügungen des gegenwärtigen Decrets sollen beständig als Fundamental Grundsatz des Reichs so lange betrachtet werden, bis England eingesehen, daß das Kriegs-
35 recht eines und dasselbe zu Lande wie zur See ist, – daß es nicht auf Privat-Eigenthum, es mag seyn, welches es noch auf die Personen von Individuen erstrecken darf, mit den Waffen nichts zu thun haben, und daß das Blockaderecht auf feste Plätze eingeschränkt werden muß, [...] Wir ha-
40 ben demnach decretirt und decretiren wie folgt:

Art. 1. Die Brittischen Inseln sind in Blockade-Zustand erklärt.

Art. 2. Aller Handel und alle Correspondenz nach den Britischen Inseln sind verboten.

45 Art. 3. Die Briefe oder Packete, die nach England oder einen Engländer addreßirt, oder in Englischer Sprache geschrieben sind, werden demnach durch die Posten nicht befördert und sollen weggenommen werden.

Art. 4. Jedes Individuum, welches Englischer Unterthan
50 ist, es möge seyn, von welchem Stande es wolle, welches man in den Ländern finden wird, die von unsern Truppen, oder von den Truppen unsrer Alliirten besetzt sind, soll zum Kriegsgefangnen gemacht werden.

Art. 5. Jedes Magazin, jede Waare, jedes Eigenthum, es sey
55 von welcher Art es wolle, welches einem Englischen Untertan gehört, soll für gute Prise erklärt werden.

Art. 6. Der Handel mit Englischen Waaren ist verboten, und jede Waare, die England gehört, oder aus seinen Fabriken oder Colonien kommt, wird für gute Prise erklärt. [...]

Walter Demel u. Uwe Puschner, Von der Französischen Revolution zum Wiener Kongreß 1789–1815, Stuttgart 1995 (Deutsche Geschichte in Quellen und Darstellungen Bd. 6), S. 300–306.

3 Instruktionen Napoleons an Marschall Bernadotte, Gouverneur der Hansestädte am 2. August 1807

Zuvor hatten englischen Schiffe Kopenhagen beschossen und die dänische Flotte angegriffen, um die Lockerung der Kontinentalsperre und die Einfahrt durch den Sund in die Ostsee zu erzwingen.

Mein Vetter, Sie sind wahrscheinlich in Hamburg eingetroffen. Alle spanischen Truppen sollen Ihnen unterstehen. Die holländischen Truppen sollen sich bei Emden, auf dem linken Elbufer, sammeln: es handelt sich um 12 oder 14000 Mann. Im Laufe des August tritt ein französisches Korps von 20000 Mann zu Ihnen. Ich beeile mich, 5 Ihnen meine Absichten mitzuteilen, die aber bis zum letzten Augenblick geheim bleiben müssen. Wenn England die Vermittlung Rußlands nicht annimmt, muß Dänemark ihm den Krieg erklären, oder ich erkläre ihn an 10 Dänemark. Im letzteren Falle sind Sie dazu bestimmt, sich des ganzen dänischen Festlandes zu bemächtigen. Da sie ja an der Grenze dieses Landes stehen, schicken Sie mir Gutachten über die Schwierigkeiten, die Dänemark machen könnte, und die Hilfsmittel zum Leben, die es bietet. 15 Ihre Sprache soll so sein: Führen Sie laut Klage darüber, daß Dänemark die Sund-Passage geöffnet und die Verletzung eines Meeres zugelassen hat, das für die Dänen so unverletzlich wie ihr Territorium hätte sein müssen.

Ich habe die bestimmtesten Befehle gegeben und meinen 20 Agenten in Hamburg meine Unzufriedenheit bezeugen lassen, daß meine Befehle nicht ausgeführt sind.

Alle englischen Waren, die von englischem Herkommen sind und von ihnen transponiert worden sind, wie zum Beispiel Kohle, oder die in England hergestellt sind, sollen 25

4 Die Verbrennung englischer Handelswaren bei Frankfurt/M. Gemälde von Carl Wilck, 1810.

beschlagnahmt werden, und die englische Faktorei soll geschlossen werden, und alle Dinge in Hamburg, die Engländern gehören, sollen beschlagnahmt werden. Achten Sie darauf, daß alle diese Maßnahmen durchgeführt werden, damit alles übel, das man England antun kann, nicht etwa unwirksam werde. Napoleon

Wolfgang Lautemann u. Manfred Schlenke, Amerikanische und Französische Revolution, München 1981 (Geschichte in Quellen Bd. 4), S. 592 f.

5 Napoleon in einem Brief vom 13. November 1807 an seinen Bruder Louis Napoleon, König von Holland

Ich erhalte soeben Ihr Schreiben vom 9. November. Wenn Sie am Code Napoléon etwas retuschieren lassen, dann ist er nicht mehr der Code Napoléon. Ich kann weder einsehen, daß Sie so viel Zeit brauchen, noch was für Änderungen angebracht werden müßten, noch welches Unrecht dadurch dem Einzelgeschick widerführe. Sie sind noch sehr jung in der Verwaltung, wenn Sie glauben, die Einsetzung eines endgültigen Gesetzbuches könne die Familien durcheinanderbringen und finstere Verwirrung über das Land streuen. Das ist ein Märchen, und man hat es Ihnen erzählt, weil die Holländer mit Eifersucht auf alles schauen, was aus Frankreich kommt. Aber eine Nation von nur 1 800 000 Seelen kann nicht eine eigene Gesetzgebung haben. Die Römer gaben ihre Gesetze ihren Verbündeten, warum soll Frankreich nicht dafür sorgen, daß die seinen in Holland angenommen werden? Ebenso nötig ist es, daß Sie das französische Münzsystem annehmen; was Spanien, Deutschland, ganz Italien tun, warum tun Sie das nicht auch? Es verbindet die Nationen enger, wenn sie dieselben Bürgerlichen Gesetze und dasselbe Geld haben. Wenn ich sage, „dasselbe Geld", dann weiß ich wohl, daß Ihr Geld das Wappen von Holland und das Bild des Königs tragen wird; aber der Typ, aber die Ordnung des Geldes müssen dieselben sein.

Mit Vergnügen empfange ich die Aufstellung der Schiffe, die aus meinen Häfen mit England Handel treiben. Geben Sie mir weiter solche Meldungen. Lassen Sie diese Schiffe beschlagnahmen, wenn sie in Ihre Häfen kommen; ich gebe Order, daß sie beschlagnahmt werden, wenn sie die meinen anlaufen.

Ich schicke Ihnen in der Anlage die Aufstellung einiger holländischer Schmuggler, die festgenommen werden müssen.

Wolfgang Lautemann u. Manfred Schlenke, Amerikanische und Französische Revolution, München 1981 (Geschichte in Quellen Bd. 4), S. 609.

6 Brief Napoleons über die Lage in Deutschland während der Kontinentalsperre an den Marschall Davout, Fürst von Eckmühl, Befehlshaber des Beobachtungscorps Eibe in Hamburg

Paris, 2. Dezember 1811.

Mein Vetter, [...] Ich antworte auf einen Ihrer letzten Briefe, vom 28. November. Die Deutschen beschweren sich, daß alle Gerüchte über einen Aufstand in Deutschland von Franzosen aufgebracht werden, die schließlich durch das viele aufgebrachte Gerede über solche Dinge noch dazu kommen, es zu glauben. Sie [die Deutschen] beschweren sich, weil Sie in Rostock gesagt hätten, Sie wüßten es zu verhindern, daß Deutschland ein neues Spanien werde, und daß unter Ihrem Kommando niemand etwas zu unternehmen wagen werde. Solche Redensarten richten wahres Unheil an. Es gibt nichts Gemeinsames zwischen Spanien und den deutschen Provinzen. Spanien wäre längst unterworfen ohne seine 60 000 Engländer, ohne seine 1 000 Meilen Küste, welche die Wirkung haben, daß unsere Truppen überall an der Grenze stehen, und endlich ohne die 100 Millionen, die ihnen Amerika gegeben hat, denn England ist nicht imstande, ihm Geld zu geben. Aber da es in Deutschland weder Amerika, noch das Meer, noch eine Unmasse von Festungen und 60 000 Engländer gibt, ist nichts zu fürchten, selbst wenn der Deutsche so faul, so müßiggängerisch, so mörderisch, so abergläubisch und ebenso den Mönchen ausgeliefert wäre wie das Volk von Spanien, wo es 300 000 Mönche gegeben hat. Urteilen Sie selbst, was man von einem Volk zu fürchten hat, das so klug, so vernünftig, so kühl, so tolerant, so weit entfernt von allen Ausschreitungen ist, daß es kein einziges Beispiel dafür gibt, daß während des Krieges auch nur ein Mann in Deutschland ermordet worden wäre. Österreich war empfänglicher dafür, revolutioniert zu werden. Die Ereignisse haben bewiesen, wie wenig Grund für die Befürchtungen besteht, die man empfinden lassen wollte. Es ist deshalb sehr ärgerlich, daß sich Generale über solche Chimären unterhalten, und daß man Vergleiche im Lande in Umlauf setzt, die nur Schlechtes bewirken können, ohne den geringsten Nutzen zu bringen. Wenn es in Deutschland zu einer Bewegung käme, dann wäre sie am Ende für uns und gegen die kleinen Fürsten. Was nun Westfalen angeht, so ist das hessische Volk, das den Hauptteil ausmacht, weit davon entfernt, seinem Kurfürsten nachzuweinen; die Armee ist dem König ergeben. Es wird günstig sein, wenn Sie Ihrerseits gegen die westfälische Regierung und den König freundlicher aufträten; es ist besser auszugleichen als zu verärgern. [...]

Napoleon

Wolfgang Lautemann u. Manfred Schlenke, Amerikanische und Französische Revolution, München 1981 (Geschichte in Quellen Bd. 4), S. 566 f.

7 Brief von Zar Alexander I. an Napoleon, 25. März 1811

Über die Annektierung der deutschen Hansestädte und des Fürstentums Oldenburg durch Napoleon, die Auswirkungen der Kontinentalsperre auf Russland und einen neuen Zolltarif für den russischen Handel mit England:

Mein Herr Bruder!

Weder meine Gefühle noch meine Politik haben sich geändert, und ich wünsche nur die Erhaltung und die Befestigung unseres Bündnisses. Ist es mir nicht vielmehr erlaubt, zu vermuten, daß Eure Majestät mir gegenüber die Meinung gewechselt hat? Ich glaube zu Eurer Majestät mit derselben Freimütigkeit zu sprechen, wie sie es in ihrem Briefe getan hat.

Eure Majestät klagt mich an, gegen die Oldenburger Angelegenheit protestiert zu haben. Aber konnte ich anders handeln? Es geht um ein kleines Land, das das einzige Glied meiner Familie besaß, das alle Formalitäten über sich ergehen ließ, die man von ihm verlangte. Mitglied des Rheinbundes, dessen Besitzungen durch einen Artikel des Vertrags von Tilsit garantiert werden, und infolgedessen unter der Protektion Eurer Majestät, wird der Herzog plötzlich seines Throns entsetzt, ohne daß Eure Majestät mich vorher davon benachrichtigte! Welche Bedeutung konnte dieses Stück Land für Frankreich haben? Und zeigte dieses Verfahren Eurer Majestät Freundschaft für mich? Deshalb bewiesen alle zu jenem Zeitpunkt geschriebenen Briefe, daß man jene Handlung als einen Wunsch Eurer Majestät angesehen hat, mich zu kränken. Mein Protest und die Art wie er abgefaßt wurde, dient als unwiderruflicher Beweis dafür, daß ich die Allianz mit Frankreich über jegliche andere Betrachtung stelle, und ich drücke klar darin aus, daß man sich sehr täuschen würde, zu glauben, wenn man daraus schlösse, daß unser Bündnis sich gelockert hätte.

Eure Majestät vermutet, daß mein Ukas [Befehl] über die Tarife gegen Frankreich gerichtet sei. Ich muß diese Behauptung als leichtfertig und wenig gerecht zurückweisen. Dieser Tarif ist mir gebieterisch auferlegt worden durch die außerordentliche Stockung des maritimen Handels, durch die ungeheure Einfuhr von fremden teueren Waren zu Lande, durch die außerordentlichen Zölle in den Ländern Eurer Majestät auf russische Erzeugnisse und durch das erschrekkende Fallen unserer Währung [...] Der Tarif ist weder gegen Frankreich noch gegen irgend ein anderes Land Europas gerichtet und nur ein Ergebnis des Kontinentalsystems infolge des Verbots und der Zerstörung der feindlichen Handelsobjekte.

Eure Majestät wirft mir vor, daß ich sie nicht vorher wegen dieser Handlung befragt habe. Da es sich nur um eine rein administrative Maßnahme handelt, denke ich, daß jede Regierung berechtigt ist, derartige Verfügungen zu treffen, besonders wenn sie nicht im Gegensatz zu bereits bestehenden Verträgen sind. Aber Eure Majestät möge mir gestatten, eine Betrachtung anzustellen. Ist es von Ihrer Seite aus gerecht, mich zu tadeln, wenn Eure Majestät sich selbst so verhalten hat und mich ebensowenig über die Maßnahmen unterrichtet, die Eure Majestät wegen des Handels nicht nur in ihrem Reiche, sondern in ganz Europa getroffen hat? Indes haben diese Maßnahmen eine ungleich stärkere Rückwirkung auf den Handel in Rußland gehabt, als die des russischen Tarifs auf Frankreich haben werden, und die zahlreichen Bankerotte, die [in Rußland] erfolgten, sind der beste Beweis dafür. Ich glaube deshalb mit großer Berechtigung sagen zu dürfen, daß Rußland den Vertrag von Tilsit viel eifriger beachtet hat als Frankreich. [...]

Die Eroberung Finnlands entsprach nicht den Zielen meiner Politik, und Eure Majestät wird sich erinnern, daß ich den Krieg gegen Schweden nur als Folge des Kontinentalsystems unternommen habe. Der Erfolg meiner Waffen hat mir den Besitz von Finnland verschafft, wie Mißerfolge mich um meine Provinzen hätten bringen können. Ich glaube auch in dieser Hinsicht im vollen Recht zu sein.

Aber, wenn Eure Majestät die Vorteile erwähnt, die Rußland aus seinem Bündnis mit Frankreich gezogen hat, warum soll ich da nicht meinerseits die Vorteile erwähnen, die Frankreich durch die riesigen Erwerbungen eines Teils von Italien, im Norden von Deutschland, Hollands usw. erlangt hat? Ich glaube Eurer Majestät wieder einmal bewiesen zu haben, daß ich sehr wenig für die Machenschaften derjenigen, die Interesse haben, uns zu entzweien, empfänglich bin. Der beste Beweis, den ich dafür geben kann, ist, daß ich sie jedesmal Eurer Majestät mitgeteilt habe, wobei ich mich stets auf ihre Freundschaft berief. Aber wenn Tatsachen sich zu den Gerüchten gesellten, war es das wenigste, daß ich Vorbeugungsmaßnahmen traf. [...]

Meine Rüstungen haben sich darauf beschränkt, den bereits bestehenden Regimentern eine bessere Organisation zu geben. Es ist dasselbe, was Eure Majestät bei sich gemacht hat. Übrigens hat mich alles, was im Herzogtum Warschau vorgeht, wie auch die beständige Vermehrung der Kräfte Eurer Majestät, zu diesen Maßnahmen veranlaßt. Das ist der wahre Sachverhalt. Infolgedessen dienen meine Befestigungen vielmehr als Beweis, wie wenig ich geneigt bin, aggressiv zu werden.

Mein Tarif, der nur für ein Jahr bestimmt ist, hat keinen anderen Zweck, als die Nachteile meiner Währung zu vermindern und mir Mittel zu verschaffen, in dem System weiter zu verharren, an das ich mich angeschlossen und das ich mit so viel Beharrlichkeit verfolgt habe. Mein Protest, den mir die Ehre meines Landes und meiner Familie befiehlt, und der durch eine Verletzung des Vertrags von Tilsit begründet ist, beweist indes meinen dringenden Wunsch, die Allianz mit Eurer Majestät beizubehalten. Also weit von dem Gedanken entfernt, daß ich nur darauf warte, das System zu wechseln, wird Eure Majestät, wenn sie gerecht sein will, anerkennen, daß man nicht gewissenhafter sein kann als ich in der Beibehaltung des Systems, an das ich mich angeschlossen habe.

Übrigens, da ich nichts von meinen Nachbarn will und Frankreich liebe, welches Interesse könnte ich da haben, den Krieg zu wünschen? Rußland braucht keine Eroberungen und besitzt vielleicht zu viel Land. Das überlegene Genie Eurer Majestät für den Krieg, das ich anerkenne, läßt keine Täuschungen über die Schwierigkeiten des Kampfes aufkommen, der sich zwischen uns anspinnen könnte. Übrigens hat sich meine Eigenliebe dem Bündnissystem mit Frankreich zugewandt. Da ich es als ein politisches Prinzip für Rußland eingeführt habe, mußte ich ziemlich lange mit entgegengesetzten alten Meinungen kämpfen. Deshalb ist es unvernünftig, zu vermuten, daß ich die Absicht habe, mein Werk zu zerstören und Eurer Majestät den Krieg zu erklären, und wenn sie es ebensowenig wünscht wie ich, wird Eure Majestät sich sicherlich nicht dazu entschließen.

Um noch einen Beweis zu geben, so biete ich Eurer Majestät an, mich ganz auf sie wegen einer Wiedergutmachung in der Oldenburger Frage zu verlassen. Eure Majestät stelle sich selbst an meinen Platz und entscheide selbst, was sie in einem ähnlichen Fall getan hätte.

Eure Majestät besitzt alle Mittel, um eine noch engere Verbindung zwischen den beiden Reichen herzustellen und den Bruch für immer unmöglich zu machen. Meinerseits bin ich bereit, Eurer Majestät bei einer solchen Absicht zu helfen. Ich wiederhole: Wenn der Krieg stattfindet, ist es Eure Majestät, die ihn gewollt hat, und da ich alles getan habe, um ihn zu vermeiden, werde ich auch kämpfen und meine Existenz teuer verkaufen. Will aber Eure Majestät statt dessen in mir einen Freund und Verbündeten anerkennen? Dann wird sie mich mit denselben Gefühlen der Anhänglichkeit und Freundschaft wiederfinden, die sie an mir immer gekannt hat.

Ich bitte Eure Majestät in gleicher Weise, diesen Brief mit gutem Sinne zu lesen und in ihm nur einen sehr ausgesprochenen Wunsch zu sehen, einen Ausgleich zu finden.

Sankt Petersburg, den 25. März 1811. Alexander

Friedrich Kircheisen, Fürstenbriefe an Napoleon I., 2 Bd. Stuttgart u. Berlin 1929, Bd. II, S. 64 ff.

6

8 Fürst von Metternich. Der österreichische Kanzler organisierte die letzte Allianz gegen das napoleonische Frankreich und die anschließende Neuordnung Europas.

9 Napoleon an den russischen Botschafter Kurakin, Mai 1811

Ich habe Ihren Kaiser zum Beherrscher des Nordens ernannt: das konnte ihm beweisen, was ich aus ihm machen wollte. Ich brauchte ihn für mein System, aber wenn er es antasten will, dann ändere ich meine Pläne und bewillige anderen Mächten die Vorteile, die ich erst ihm zugedacht hatte [...] Fürst Kurakin, ich regiere durch mich selbst, ich regiere allein, und man regiert mich nicht [...] Wenn ein französisches Heer auf Petersburg marschiert, um den Angriff gegen den Frieden auf dem Festland zu rächen und die dort herrschende englische Partei zu vernichten, dann wird England aber nicht die Ursache dazu sein [...] Es ist unvereinbar mit der Ehre Frankreichs, das seit 1500 Jahren als vorherrschende Macht in Europa besteht, sich von einem Reich beleidigen zu lassen, dessen Existenz erst beginnt, und das nur durch die Grausamkeit seiner Zaren und die Barbarei seiner Einwohner bekannt ist [...] Die Besetzung der Hansestädte ist eine natürliche Folge des Kontinentalsystems [...] Nicht aus Ehrgeiz habe ich mich dieser Städte bemächtigt: sie waren mir im Frieden unbedingt notwendig. Ich brauche Häfen, Matrosen und Schiffe, um Krieg führen zu können. Euer Kaiser beklagt sich, daß ich die Städte des kleinen Herzogtums Oldenburg besetzt und den Herzog gezwungen habe, sich nach Rußland zu retten? Aber warum lehnte er sich gegen mich auf? Warum verweigerte er mir, um was ich ihn bat? Ich würde mich mit dem Frankreich begnügt haben, das ich bei meiner Erhebung vorfand, wenn man mich in Ruhe gelassen hätte [...]

Friedrich Kircheisen, Napoleon I. Sein Leben und seine Zeit, 9 Bd. München u. Leipzig 1911–1934, Bd. IX, S. 11 f.

Arbeitsvorschläge:

1. Charakterisieren Sie das doppelte Wirtschaftssystem Napoleons und beschreiben Sie seine Reichweite und die Maßnahmen zu seiner Durchsetzung.
2. Arbeiten Sie auch anhand des Materials in Kapitel 5 die unterschiedlichen Folgen der französischen Vorherrschaft auf wirtschaftlichem und politischem Gebiet für diejenigen Gebiete heraus, die heute zu Deutschland gehören. Lassen sich Gewinner und Verlierer unterscheiden?
3. Forschen Sie durch Lektüre oder Museumsbesuche zur Entwicklung und Bedeutung ihrer eigenen Heimatregion in dieser Zeit.
4. Verfassen oder spielen Sie ein Streitgespräch zwischen Anhängern und Gegnern Napoleons um 1808, das sowohl politische als auch wirtschaftliche Entwicklungen thematisiert.
5. Überlegen Sie, welche Folgen das französische Zollsystem und die öffentliche Verbrennung von Handelswaren wie im Bild von Carl Wilck dargestellt für das Ansehen Napoleons hatten. (M 4)
6. Nennen Sie Möglichkeiten für den englischen Handel, die Maßnahmen Napoleons zu umgehen.
7. Diskutieren Sie die Beurteilung der Lage in Deutschland von Seiten Napoleons und berücksichtigen Sie dabei die in Kapitel 4 beschriebenen Entwicklungen.
8. Fassen Sie die Entwicklung der politischen Krise zwischen Frankreich und Russland 1811 zusammen. Vergleichen Sie die Argumente Napoleons und des Zaren und überlegen Sie, ob die Möglichkeit einer friedlichen Lösung bestand. Diskutieren Sie dabei auch deren Auswirkungen auf die von Napoleon etablierte Ordnung Europas. (M 7, M 9)

7 Das Ende der napoleonischen Herrschaft

Der Russlandfeldzug von 1812 wurde zur Katastrophe für Napoleons Armee. Die Verteidiger verbrannten die Felder und vernichteten die Vorräte, so dass auf den weiten Wegen viele Männer an Hunger, Krankheit oder Erschöpfung starben. Die russischen Generäle zogen sich außerdem immer weiter zurück und gaben Napoleon nicht die von ihm gesuchte Entscheidungsschlacht. Es gelang seiner Grande Armée zwar, Moskau zu besetzen, doch die Stadt wurde von den Verteidigern angezündet und der Zar verweigerte Friedensverhandlungen. Napoleon blieb keine andere Wahl als den Rückzug zu befehlen, der aufgrund eines heftigen Wintereinbruches, fehlender Versorgung und der Verfolgung durch kosakische Reiter und russische Truppen den Rest seiner Armee vernichtete.
Napoleon reiste sofort nach Frankreich zurück und sorgte für die Aushebung einer neuen Armee aus jungen Rekruten. Zugleich forderte er seine Verbündeten auf, ein weiteres Mal Hilfstruppen zu stellen, so dass er bereits Anfang 1813 wieder über ein Heer verfügte. Dies bestand allerdings mehrheitlich aus sehr jungen und schlecht ausgerüsteten Rekruten.
In der Zwischenzeit aber hatte in Spanien eine englische Armee mit Hilfe der Partisanen, die seit 1808 erfolgreich Widerstand gegen Napoleon leisteten, einen entscheidenden Sieg errungen. Die französische Vorherrschaft erschien brüchig.

Die Stimmung in den deutschen Gebieten, hatte sich inzwischen durch die zahlreichen Zwangsmaßnahmen in der Wirtschaftspolitik, bei der Truppenrekrutierung und angesichts der Niederlage Napoleons immer mehr gegen ihn gewandt. Besonders von Preußen aus wurde nun in Zeitungen, Flugschriften und Reden auch ein gemeinsames Nationalgefühl aller Deutschen beschworen, das einen einheitlichen Widerstand begründen sollte. Schriftsteller in anderen deutschen Staaten nahmen den Gedanken auf, der sich ab 1813 in einer Welle von Veröffentlichungen niederschlug. Trotz dieser Entwicklung verhielten sich die deutschen Fürsten und der König von Preußen abwartend. Es waren stattdessen ein preußischer General, der eigenmächtig ein Abkommen mit der vorrückenden russischen Armee aushandelte, und der entlassene Freiherr vom Stein, der einen Aufstand der ostpreußischen Adeligen und Bürger organisierte. König Friedrich Wilhelm III. traf Vorbereitungen für den Krieg, bezog aber erst offen Stellung, als russische Truppen seine Hauptstadt sicherten. (▶ M3)
Napoleon gelang es, wenn auch unter hohen Verlusten, seine Gegner noch Anfang 1813 mehrmals zu schlagen, bis er nach Beitritt Schwedens und Österreichs zur Koalition in der Völkerschlacht bei Leipzig besiegt wurde. Die französische Armee zog sich nun immer weiter zurück und wurde von den Verbündeten verfolgt, die große

1 **„Der freiwillige Rückzug der großen französischen Armee“**. Flugblatt mit einer deutschen Übersetzung eines Auszuges aus Napoleons letztem Tagesbefehl, von dem preußischen Bildhauer Gottfried Schadow, 1813.

7

Schlachten vermieden, aber Napoleons Soldaten keine Ruhepausen gönnten.
Der Rheinbund zerfiel und seine Mitglieder wechselten die Seiten. Die neu geschaffenen Staaten wie Westfalen lösten sich auf, wobei die deutschen Beamten und Offiziere ihre Arbeit zunächst fortsetzten und sich mit der neuen Lage arrangierten. Eine allgemeine nationale Erhebung der Deutschen, wie sie vor allem die preußische Geschichtsschreibung des 19. und frühen 20. Jahrhunderts unterstellt, fand aber nicht statt. Dennoch wirkte die Schilderung von gesamtdeutschen „Befreiungskriegen" unter preußischer Führung noch lange nach und wurde von deutscher Seite in mehreren Kriegen gegen Frankreich zu Propagandazwecken benutzt.
Zu beobachten war ab 1813 allerdings, dass besonders Studenten und junge Intellektuelle - von ihren Lehrern und der Medienkampagne motiviert, in Freiwilligenverbände, den so genannten Freikorps, eintraten und versuchten, sich an den Kämpfen zu beteiligen. (▶ M4) Die militärische Wirkung dieser Einheiten stand dabei in keinem Verhältnis zu ihrer Bedeutung für die Propaganda. Glorifizierende Heldengeschichten und Berichte über gebrachte Opfer erschienen im ganzen Land und sollten die Bevölkerung motivieren, die Armeen zu unterstützen oder in reguläre Verbände einzutreten. Dasselbe galt für die nur vereinzelten Aufstände gegen französische Truppen auf dem Rückzug und lokale Unruhen gegen französische Zöllner und Gendarmen.
Parallel zum Rückzug Napoleons begannen Verhandlungen über einen Frieden. Metternich war dabei um einen Kompromiss bemüht, der die Kampfhandlungen möglichst kurz halten sollte. Außerdem bemühte der Minister sich, entgegen den Angaben in der Propaganda, den Krieg nicht als einen Krieg der Völker, sondern als einen geordneten Krieg unter strenger Kontrolle der Monarchen zu führen. Auf diese Weise sollten Radikalisierungen im Vielvölkerstaat Österreich und dem restlichen Europa verhindert und ein Frieden erleichtert werden.
Noch während der Verhandlungen überschritten die Koalitionstruppen aber den Rhein, so dass ein Kompromissfrieden angesichts der Erfolge unangebracht erschien.
Als die Armeen Paris erreichten, zwangen die französischen Generäle Napoleon, zu kapitulieren und abzudanken. Eine Übergangsregierung unter Talleyrand bereitete nun die Rückkehr der französischen Monarchie vor. Die Sieger schickten Napoleon auf die Mittelmeerinsel Elba ins Exil und begannen in Wien eine Konferenz, auf der die neue Ordnung Europas nach alten Prinzipien besprochen wurde.
Die Verhandlungen auf dem Wiener Kongress wurden zeitweise gestört, als Napoleon 1815 überraschend aus dem Exil nach Frankreich zurückkehrte. Es gelang ihm, mit Unterstützung der Bevölkerung ein neues Heer aufzustellen, das aber von englischen und preußischen Truppen bei Waterloo in Belgien geschlagen wurde. Nach nur 100 Tagen erneuter Herrschaft wurde der ehemalige Kaiser unter englischer Bewachung auf die kleine Atlantikinsel St. Helena verbannt, wo er am 5. Mai 1821 verstarb.

2 Napoleon nach Empfang der Nachricht vom Einzug der Verbündeten in Paris
Gemälde von Paul Delaroche 1845.

3 Friedrich Wilhelm III. Aufruf: *„An mein Volk"* vom 17. März 1813

An mein Volk.
So wenig für Mein treues Volk, als für Deutsche, bedarf es einer Rechenschaft über die Ursachen des Krieges, welcher jetzt beginnt. Klar liegen sie dem unverblendeten Europa vor Augen. 5
Wir erlagen unter der Uebermacht Frankreichs. Der Frieden, der die Hälfte meiner Unterthanen mir entriß, gab uns seine Segnungen nicht; denn er schlug uns tiefere Wunden als selbst der Krieg. Das Mark des Landes ward ausgesogen. Die Haupt-Festungen blieben vom Feinde 10 besetzt, der Akkerbau ward gelähmt, so wie der sonst so hoch gebrachte Kunstfleiß unserer Städte. Die Freiheit des Handels ward gehemmt, und dadurch die Quelle des Erwerbes und des Wohlstandes verstopft. Das Land ward ein Raub der Verarmung. 15
Durch die strengste Erfüllung eingegangener Verbindlichkeiten hoffte ich, meinem Volke Erleichterungen zu bereiten und den französischen Kaiser endlich zu überzeugen, daß es sein eigener Vortheil sey, Preußen seine Unabhängigkeit zu lassen. Aber meine reinsten Absichten wurden 20 durch Uebermuth und Treulosigkeit vereitelt, und nur zu deutlich sahen wir, daß des Kaisers Verträge mehr noch wie seine Kriege uns langsam verderben mußten; jetzt ist der Augenblick gekommen, wo alle Täuschung über unsern Zustand aufhört. 25
Brandenburger, Preußen, Schlesier, Pommern, Litthauer! Ihr wißt, was ihr seit 7 Jahren erduldet habt, ihr wißt, was euer trauriges Loos ist, wenn wir den beginnenden Kampf nicht ehrenvoll enden, erinnert euch an die Vorzeit, an den großen Kurfürsten, den großen Friedrich. Bleibet ein- 30

gedenk der Güter, die unter ihnen unsere Vorfahren blutig erkämpften, Gewissensfreiheit, Ehre, Unabhängigkeit, Handel, Kunstfleiß und Wissenschaft. Gedenkt des großen Beispiels unserer mächtigen Verbündeten, der Russen, gedenkt der Spanier und Portugiesen, selbst kleine Völker sind für gleiche Güter gegen mächtigere Feinde in den Kampf gezogen und haben den Sieg errungen, erinnert euch an die heldenmüthigen Schweizer und Niederländer.
Große Opfer werden von allen Ständen gefordert werden, denn unser Beginnen ist groß, und nicht gering die Zahl und die Mittel unserer Feinde. Ihr werdet jene lieber bringen für das Vaterland, für euren angeborenen König, als für einen fremden Herrscher, der, wie so viele Beispiele lehren, eure Söhne und eure letzten Kräfte Zwecken widmen würde, die euch ganz fremd sind. Vertrauen auf Gott, Ausdauer, Muth und der mächtige Beistand unserer Bundesgenossen, werden unseren redlichen Anstrengungen siegreichen Lohn gewähren!
Aber welche Opfer auch von einzelnen gefordert werden mögen, sie wiegen die heiligen Güter nicht auf, für die wir sie hingeben, für die wir streiten und siegen müssen, wenn wir nicht aufhören wollen Preußen und Deutsche zu seyn.
Es ist der letzte entscheidende Kampf den wir bestehen, für unsere Existenz, unsere Unabhängigkeit, unsern Wohlstand. Keinen andern Ausweg giebt es, als einen ehrenvollen Frieden, oder einen ruhmvollen Untergang. Auch diesem würdet ihr getrost entgegen gehen, um der Ehre willen, weil ehrlos der Preuße und der Deutsche nicht zu leben vermag. Allein wir dürfen mit Zuversicht vertrauen, Gott und unser fester Wille werden unserer gerechten Sache den Sieg verleihen, mit ihm einen sicheren glorreichen Frieden, und die Wiederkehr einer glücklichem Zeit.

Schlesische Priviligierte Zeitung vom 20. März 1813. Nr. 34. S. 1. Zit. nach: Walter Demel u. Uwe Puschner, Von der Französischen Revolution zum Wiener Kongreß 1789–1815, Stuttgart 1995 (Deutsche Geschichte in Quellen und Darstellungen Bd. 6), S. 414–416.

4 Theodor Körner

Der Dichter Theodor Körner zog 1813 im Alter von 22 Jahren in einem Freikorps in den Krieg gegen Frankreich und fiel im selben Jahr. Während seiner Dienstzeit verfasste er bei den Zeitgenossen überaus populäre Kriegslieder in welchen die Bedeutung der „Freiheitskriege" thematisiert wurde.

Wien, 10. März 1813 Liebster Vater! ich schreibe dir diesmal in einer Angelegenheit, die, wie ich das feste Vertrauen zu Dir habe, Dich weder befremden noch erschrecken wird. Neulich gab ich Dir schon einen Wink über mein Vorhaben, das jetzt zur Reife gediehen ist. Deutschland steht auf, der preußische Adler erweckt in allen treuen Herzen durch seine kühnen Flügelschläge die große Hoffnung einer deutschen, wenigstens norddeutschen Freiheit. Meine Kunst seufzt nach ihrem Vaterlande, – lass mich ihr würdiger Jünger sein! – Ja, liebster Vater, ich will Soldat werden, will das hier gewonnene glückliche und sorgenfreie Leben mit Freuden hinwerfen, um, sei's auch mit meinem Blute, mir ein Vaterland zu erkämpfen. Nenn's nicht Übermut, Leichtsinn, Wildheit! Vor zwei Jahren hätte ich es so nennen lassen; jetzt, da ich weiß, welche Seligkeit in diesem Leben reifen kann, jetzt, da alle Sterne meines Glücks in schöner Milde auf mich niederleuchten, jetzt ist es, bei Gott, ein würdiges Gefühl, das mich treibt, jetzt ist es die mächtige Überzeugung, dass kein Opfer zu groß sei für das höchste menschliche Gut, für seines Volkes Freiheit. Vielleicht sagt Dein bestochenes väterliches Herz: Theodor ist zu größeren Zwecken da, er hätte auf einem anderen Felde Wichtigeres und Bedeutendes leisten können, er ist der Menschheit noch ein großes pfund zu berechnen schuldig. Aber, Vater, meine Meinung ist die: zum Opfertode für die Freiheit und für die Ehre der Nation ist keiner zu gut, wohl aber sind viele zu schlecht dazu! Hat mir Gott wirklich etwas mehr als gewöhnlichen Geist eingehaucht, der unter Deiner Pflege denken lernte, wo ist der Augenblick, wo ich ihn nicht mehr geltend machen kann! Eine große Zeit will große Herzen, und ich fühl' die Kraft in mir, eine Klippe sein zu können in dieser Völkerbrandung, ich muss hinaus und dem Wogensturme die mutige Brust entgegendrücken. Soll ich in feiger Begeisterung meinen fliegenden Brüdern meinen Jubel nachleiern? Soll ich Komödien schreiben auf dem Spotttheater, wenn ich den Mut und die Kraft mir zutraue, auf dem Theater des Ernstes mitzusprechen? Ich weiß, du wirst manche Unruhe erleiden müssen, die Mutter wird weinen! Gott tröste sie. Ich kann's Euch nicht ersparen. Des Glückes Schoßkind rühmt' ich mich bis jetzt; es wird mich jetzo nicht verlassen. Dass ich mein Leben wage, das gilt nicht viel; dass aber dies Leben mit allen Blütenkränzen der Liebe, der Freundschaft, der Freude geschmückt ist, und dass ich es doch wage, dass ich die süße Empfindung hinwerfe, die nur in der Überzeugung lebte, Euch keine Unruhe, keine Angst zu bereiten, das ist ein Opfer, dem nur ein solcher Preis entgegengestellt werden darf. Sonnabend oder Montag reise ich von hier ab, wahrscheinlich in freundlicher Gesellschaft; vielleicht schickt mich auch [Wilhelm von] Humboldt als Kurier. In Breslau, als dem Sammelplatze, treffe ich zu den freien Söhnen Preußens, die in schöner Begeisterung sich zu den Fahnen des Königs gesammelt haben. Ob zu Fuß oder zu Pferd, darüber bin ich noch nicht entschieden; das kommt einzig auf die Summe Geldes an, die ich zusammenbringe. Toni [Körners Verlobte] hat mir auch bei dieser Gelegenheit ihre große, edle Seele bewiesen. Sie weint wohl, aber der geendigte Feldzug wird ihre Tränen schon trocknen. – Die Mutter soll mir ihren Schmerz vergeben; wer mich liebt, soll mich nicht verkennen, und Du wirst mich Deiner würdig finden.
Dein Theodor.

Ernst Herrmann (Hg.), Theodor Körner, Sämtliche Werke, 14. Aufl. Berlin 1899, S. 287 ff.

5 Napoleon trauert im Exil auf Elba.
Englische Karikatur von John Wallis, 1814.

Arbeitsvorschläge:

1. Untersuchen Sie, an wen sich König Friedrich Wilhelm III. mit seiner Proklamation wendet und stellen Sie dar, auf welche Weise er für den Kampf gegen Frankreich argumentiert. (M 3)
2. Problematisieren Sie den in älteren historischen Darstellungen verwendeten Begriff „Deutsche Befreiungskriege".
3. Verfahren Sie anschließend ebenso mit dem zeitgenössischen Begriff „Freiheitskriege". Überlegen Sie, warum dieser a) vornehmlich bei jungen, idealistischen Autoren verwendet und warum er b) von offiziellen Stellen abgelehnt wurde.
4. Untersuchen Sie, auf welche Weise und mit welchen sprachlichen Bildern Theodor Körner in seinem Brief von seiner Tätigkeit als Soldat spricht. Überlegen Sie, inwieweit dieser Brief bereits die spätere Tätigkeit Körners als Dichter populärer Kriegslieder zur Motivation der gegen Frankreich kämpfenden Soldaten andeutet. (M 4)
5. Stellen Sie dar, welche unterschiedlichen Rahmenbedingungen auf die preußischen Bemühungen um eine allgemeine deutsche Mobilisierung 1813 und die österreichischen von 1809 wirken.
6. Vergleichen Sie die Darstellung Napoleons im Gemälde von Paul Delaroche mit verschiedenen früheren Illustrationen. (M 2)
7. Verfassen oder spielen Sie ein Streitgespräch zwischen Vertretern Preußens und Österreichs, die aufgrund der bisherigen Ereignisse und der jeweiligen bisherigen Handlungen ihrer Länder beide 1814 Anspruch auf die Führung der Koalition erheben.
8. Die zeitgenössischen Schriften kurz vor dem Wiener Kongress lobten Zar Alexander als „Held und Befreier Europas". Nehmen Sie zu diesem Urteil Stellung.
9. Diskutieren Sie die These: „Ein gleichberechtigtes Konzert der großen Nationen England, Preußen, Österreich, Frankreich und Russland war das logische Ergebnis des Untergangs des französischen Kaiserreiches."
10. Fassen Sie abschließend zusammen, was Ihrer Ansicht und Ihrer Kenntnis nach als „Erbe" der napoleonischen Zeit in Europa blieb und in Folge auf die Geschichte des 19. Jahrhunderts wirkte.